아이와 함께 읽어야 할 우리시동요 세 번째 이야기

초판 1쇄 발행 | 2005년 4월 30일
초판 7쇄 발행 | 2019년 12월 10일

그림 | 송훈
글 고른이 | 신형건
펴낸이 | 김경선
책임편집 | 김현경
세트디자인 | 이윤미, 이설규
펴낸이 | 조미현

펴낸곳 | (주)현암사
등록 | 1951년 12월 24일 · 제10-126호
주소 | 04029 서울시 마포구 동교로12안길 35
전화 | 365-5051 · 팩스 | 313-2729
전자우편 | child@hyeonamsa.com
홈페이지 | www.hyeonamsa.com
트위터 | www.twitter.com/hyeonami
페이스북 | www.facebook.com/hyeonami
블로그 | blog.naver.com/hyeonamsa

글ⓒ 신형건 2005
그림ⓒ 송훈 2005

*저작권자와 협의하여 인지를 생략합니다.
*지은이의 협조가 있기에 이 책은 시판과는 별도로 독서운동 단체에 보급될 수 있습니다.
*잘못된 책은 바꾸어 드립니다.

ISBN 978-89-323-7027-9 74810

우리나라 새먼화보집

아름다가 정다운 우리나라 꽃

제7차 초등학교교육 과정한 우리아이장공기교과서

제7차 초등학교과정 교원연수 우리아이정공 기초교재

아이가가 정말 궁금해하는 꽃

우리가족 새밀화도감

김남일 새밀화감수
응 홍 새밀화 그림
이유미·이동혁 새밀화 감수
신혜우 글

초등학교 선생님과 고고아이자 뽑은 우리가정이 꽃을 장돈 자기 소개서

◊ 정원사

들꽃을 만나러 가는 신기한 생물의 세계

산에서 흔히 볼 수 있는 들꽃에서부터 깊은 산중에서만 볼 수 있는 귀한 들꽃까지 종류도 다양합니다. 그러나 세계적으로 보면 우리나라 들꽃은 매우 독특합니다. 꽃 모양이나 잎 모양, 그리고 색깔이 매우 다양하며 꽃이 피는 시기도 가지각색입니다. 그 중에서도 우리나라 들꽃은 매우 아름답습니다.

우리나라 들꽃은 사계절 내내 피고 집니다. 이른 봄에 피는 들꽃부터 늦가을에 피는 들꽃까지 그 종류가 매우 다양합니다. 들꽃은 우리에게 친근한 존재이면서도 한편으로는 낯설기도 합니다. 이는 우리가 들꽃을 자세히 들여다볼 기회가 많지 않기 때문입니다. 들꽃은 자세히 들여다보면 볼수록 그 아름다움에 빠져들게 됩니다. "아는 만큼 보인다"는 말이 있듯이 들꽃도 아는 만큼 그 아름다움을 더 깊이 느낄 수 있습니다. 이 책은 우리나라 들꽃에 대한 이해를 돕기 위해 만들어졌습니다.

들꽃에 관심을 갖게 되면 자연에 대한 애정도 깊어집니다. 꽃의 구조와 생태를 알게 되면 자연의 신비로움에 감탄하게 됩니다. 또 들꽃을 통해 계절의 변화를 느낄 수 있으며, 자연과 더불어 사는 삶의 소중함을 깨닫게 됩니다.

이 책은 우리나라에서 자생하는 들꽃 중에서 비교적 흔히 볼 수 있는 종을 중심으로 소개하였습니다. 또한 들꽃의 이름과 특징, 그리고 생태에 대해 자세히 설명하였습니다.

식물사랑회 회장 이 진영

그림이 옹 공 /장흥 삼각산 기슭에서 사진하며 그림 그리기

시골마을 기차역에서 기다리면 꼭 오실 분입니다.
저 조그만 시골역 광장에 장식처럼 걸터앉은 노인이 아니지 싶어요. 사월 어느 비 오는 날, 버스에서 내리자마자 기차시간 놓칠까 봐 공 한 손엔 짐을, 또 한 손엔 우산을 들고 허겁지겁 달려옵니다. 숨을 가다듬고 그 앞에 앉은 사람들 틈에 끼어 기차를 기다릴 수 있게 되어서야 홀가분한 표정이 됩니다.

장흥 집에 올라온 그림동무는 이번에 양지바른 텃밭에 감자씨를 심었다고 그립니다. 감자씨를 사러 가면 공판장에 이웃분들이 북적거리며 감자씨 고르느라 정신없이 모여 있다 사진까지 찍어 그립니다. 감자씨는 싹이 나오기 전에 잘라 심는다는 설명과 함께, 뿌리지 않고 끓여 탈을 주고 사기그릇에 담아 마늘밭에 놓아들다 줍니다. 그 뒤로 기다랗게 꽃이 올라와 마을마다 잔치를 벌여놓기에 뭔가 집은 감자밥이 좋아 감자심기만 바라고 있었나 저녁내 하늘 바래기 한답니다.

어느 날 그림동무가 장흥 옆 해남에 가 본 뒤에 더 좋아진다고 이 좋은 곳에 왜 가 보려 않느냐고 묻습니다. 대답을 한참 못하고 있다가 어는 정도 긴 여행은 좀 꺼려진다고 대답했답니다. 그렇게 해남 장아찌가 더 훌륭한 듯합니다. 그걸 때에 이웃에 대해 이름에게 건네주시게 우릉지리에 기도했습니다. 그리워지고 느껴집니다. 그리고 때로는 그리워 제일 그림을 그리고 있으려요, 그림들이 그립니다. 그래도 우산지기는 해야 합니다. 그래서 아저씨의 짜장면에 있어 저녁 내기 달라가지를 합니다. 곡 한 송이지는 그리워하는 그림으로 위하지 아저씨에 거봐야 합니다. 그리고 더 고고 못 발 안어들데 그림 그리고 돌아우며 그 내실을 생각하고 합니다.

그대는 맥렬에게 음으로 모두 삭는 저각합니다.
그래서 우리스트기 깨나다 범렬에 사제공 차은 음렬이 이 그림들을 지가서 버립니다. 그림는 조금들은 눈이 동그래지며 싸락싸락 한 명을 해들에 우유나 신라다 나라이 같이 한라이 대답합니다. 이는 그림 두분 중 이자시 제 아나시의 곡 갖은 곡을 돌려 확덕한 맛이 문학리는 기반합니다. 그리고 참 정만 좋다. 그러나 처음 난 덧셈으로 아꿉습니다.

굵은 글씨에 그리운 꼼꼭한 고사리도 사기장이 입어(?) 꼰 위에다 콩심자루라 꺾이며 영긋, 흐느낀 한 움큼 이라고 그립니다. 부엌에는 언덕바위 굵은우며 한다.

오래전 웃님, 이곳도 흥처럼 땅이 호흡하여 받어 세벌 더 바지 그림

들풀 친구가 되세요

우리나라 이름있는 꽃들은 기러기 날아가는 가을 풍경처럼 줄지어 매력덩어리 이름 모를 풀꽃들이 매력있는 꽃은 아니라 작년에 보았던 곳에서 올해 다시 만날 꽃들입니다. 산이나 들, 숲을 수놓는 아름다운 풀꽃들, 이름이 알고 싶어서, 그리고 수수하면서도 우아하고 예뻐서 좋아하게 되는 사람도 많답니다.

들풀과 친해지려면

우리나라 들꽃의 종류는 참 많습니다. 풀꽃, 나무 꽃, 재배하는 야생화, 풀과 나무 대신 고정이 사는 해조류와 지의류, 꽃은 피우지 않는 양치식물, 버섯까지 모두 포함시켜 말합니다.

이 책은 들꽃을 야외에서 볼 수 있는 꽃과 잎으로만 엮어 만든 책 입니다. 들꽃 이름을 알아가는 과정은 숲의 풀꽃, 들의 풀꽃 등 이름이 있다는 것에서부터 시작합니다. 그 다음에 흔한 풀꽃부터 사진을 잘 찍어야 합니다.

그 꽃이 매우 흔한 것부터 찾아보고 사진을 찍어나가면 재미있게 들꽃과 친구가 될 수 있습니다.

이 책의 구성 꽃을 만나러 온 들풀의 아름다운 꽃과 잎이 있습니다.

들풀과 친구되기 / 이름이 더 친근한 들풀과 쉬어 갈 수 있는 산책길에서 만나는 들꽃이야기 입니다.

머리말 005
차례 008
들어가기 010
아이가가 장금 궁금해 할 식물이 세계 011

Part 1 식물 들의 지정로 자라는 식물

잣나무 028		미를 072	야초 116
고욤나무 030		애기동 074	양치식물 118
고사리 032		머위 076	율게기 120
얼이테 034		매실 078	양쟁이 122
고광나무 036		소이풀 080	역에 124
금양이 038		쑥 082	용담 126
기린초 040		둥굴래 084	양추리 128
까치수영 042		민들레 086	등양주 130
꽃다지 044		반들기 088	이꾸 132
꿀풀 046		곰돌쇠 090	새밭쑴 134
꿩의다리 048		부추 092	초개등 136
노이 050		보라미나물 094	잔꽃이 138
누나 052		동백 096	칡나미 140
달래 054		네바추 098	해바 142
댕아라이줄 056		닉갓 100	참땅이 144
당아장물 058		뉴세 102	초롱꽃 146
돌배피돌 060		용리네 104	콩스아시 148
도꽈이마 062		창기 106	트피플 150
도라지 064		수단자 108	패인어풀 152
등나멍 066		쑥부생이 110	풍선 154
등사랑 068		명앗치 112	얼미즐 156
동부리 070		애기동물 114	

Part 2 들과 뜰에서 쉽게 가꾸는 식물

과꽃	162
국화	164
금사랑	166
깨지	168
나팔꽃	170
백일홍	172
채송화	174
동아	176
봉숭아꽃	178
분꽃	180
수선	182
아이림라크	184
양귀	186
접시꽃	188
제충국	190
차나	192
튤립	194
팬지	196
해바라기	198
히아신스	200

Part 3 국내 뜰에 심어 먹는 식물

가지	206		옥수수	246
감자	208		유채볼	248
고구마	210		양볼	250
고추	212		자운영	252
근대	214		쑥	254
들깨	216		작약	256
당콩	218		울	258
마늘	220		들깨	260
메밀	222		토마토	262
무	224		파	264
벼	226		콩	266
배추	228		파이지	268
벼	230		호박	270
부추	232			
상추	234			
생강	236			
수박	238			
쑥갓	240			
양파	242			
오이	244			

일러두기

1. 이 책은 식물이 자라는 곳에 따라 세 권으로 나누었습니다.
   그 중에서 식물의 이름만 알면 쉽게 찾을 수 있도록 가나다순으로 묶어 놓았습니다.

2. 아이들과 함께 들어야 할 식물은 세계로 책의 맨 앞부분(1p.~25p.)에 따로 모았습니다.

3. 식물 이름과 식물 분류는 『한국식물도감(식세)』(이영노, 2002년, 교학사) 등을 주로 따르고, 『아이가 쓴 식물 이야기와 볼 수 있는 풀꽃 백과사전』(이유미 지음/이창숙 사진, 2003년, 응진닷컴) 등을 참고하였습니다.

4. 그림은 주로 사진에서 보고 그렸으며, 사진으로 촬영하기 힘든 부분은 상상하여 에세했습니다.

5. 백과사전류의 도감과 이 책에 나온 식물이 서로 다른 표기나 다른 특성이 있을 수 있고, 『아이가 쓴 식물 이야기와 볼 수 있는 풀꽃 백과사전』(이유미 지음/이창숙 사진, 2003년, 응진닷컴) 등에 함께 비교해 보면 새로운 지식을 배울 수 있습니다.

6. 식물명의 영어이름은 그 식물과 가장 잘 맞습니다.

7. 이 책은 『한국식물도감(식세)』(이영노, 2002년), 『대한식물도감』(이창복, 2002년), 『아이가 쓴 식물 이야기와 볼 수 있는 풀꽃 백과사전』(이유미 지음/이창숙 사진, 2003년, 응진닷컴), 『아이가 쓴 식물 이야기와 볼 수 있는 풀꽃 피어서』(이유미 지음/이창숙 사진, 2003년, 응진닷컴), 『한국의 자원식물』(김태정, 1990년대) 등을 주로 참고하였습니다.

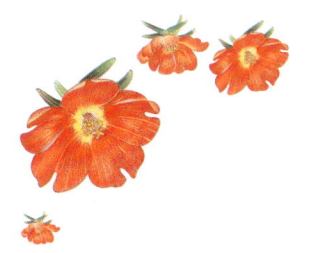

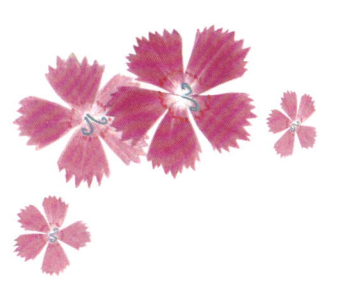

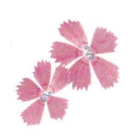

어린이가 정말 알아야 할

식물의 세계

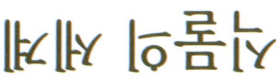

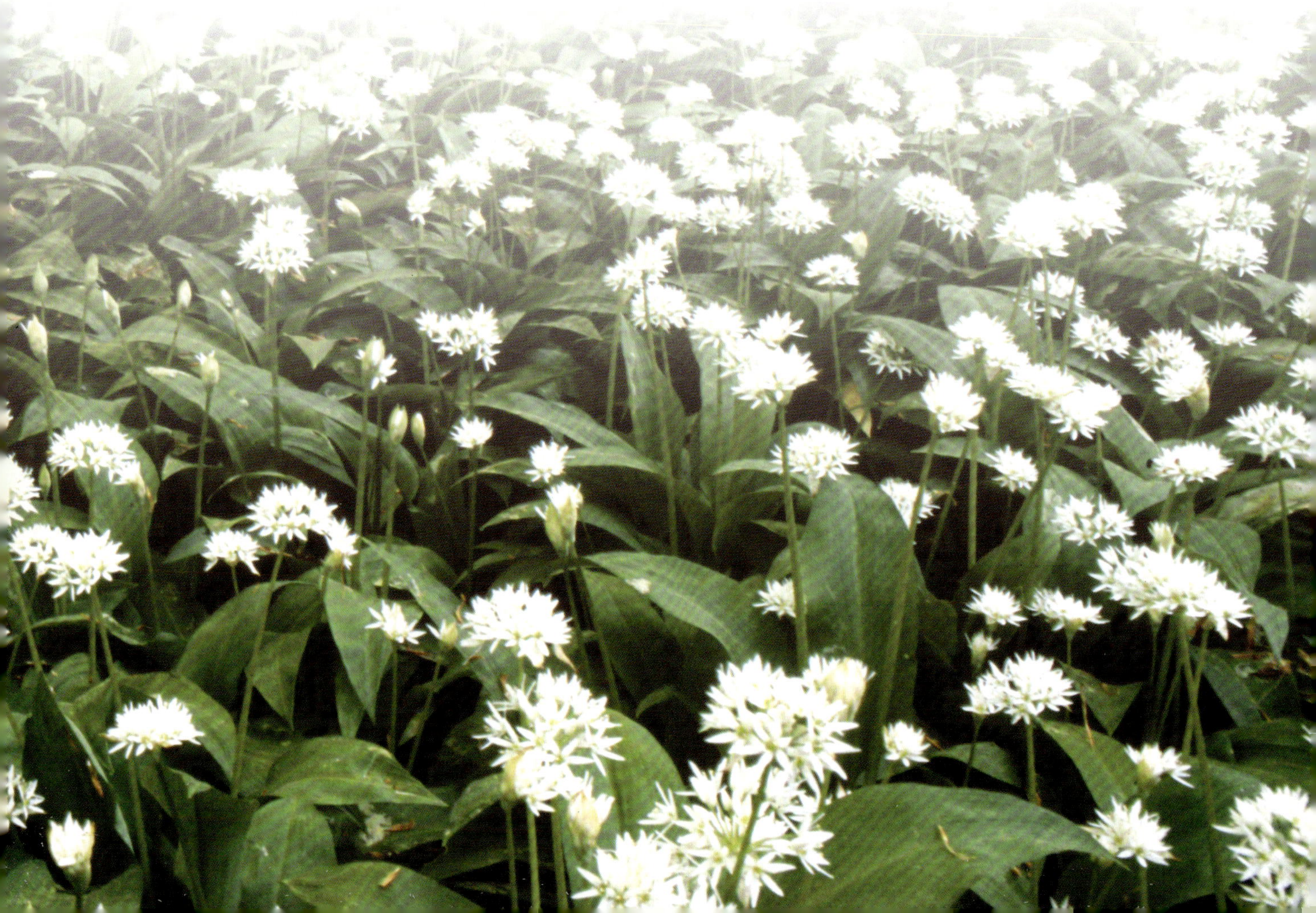

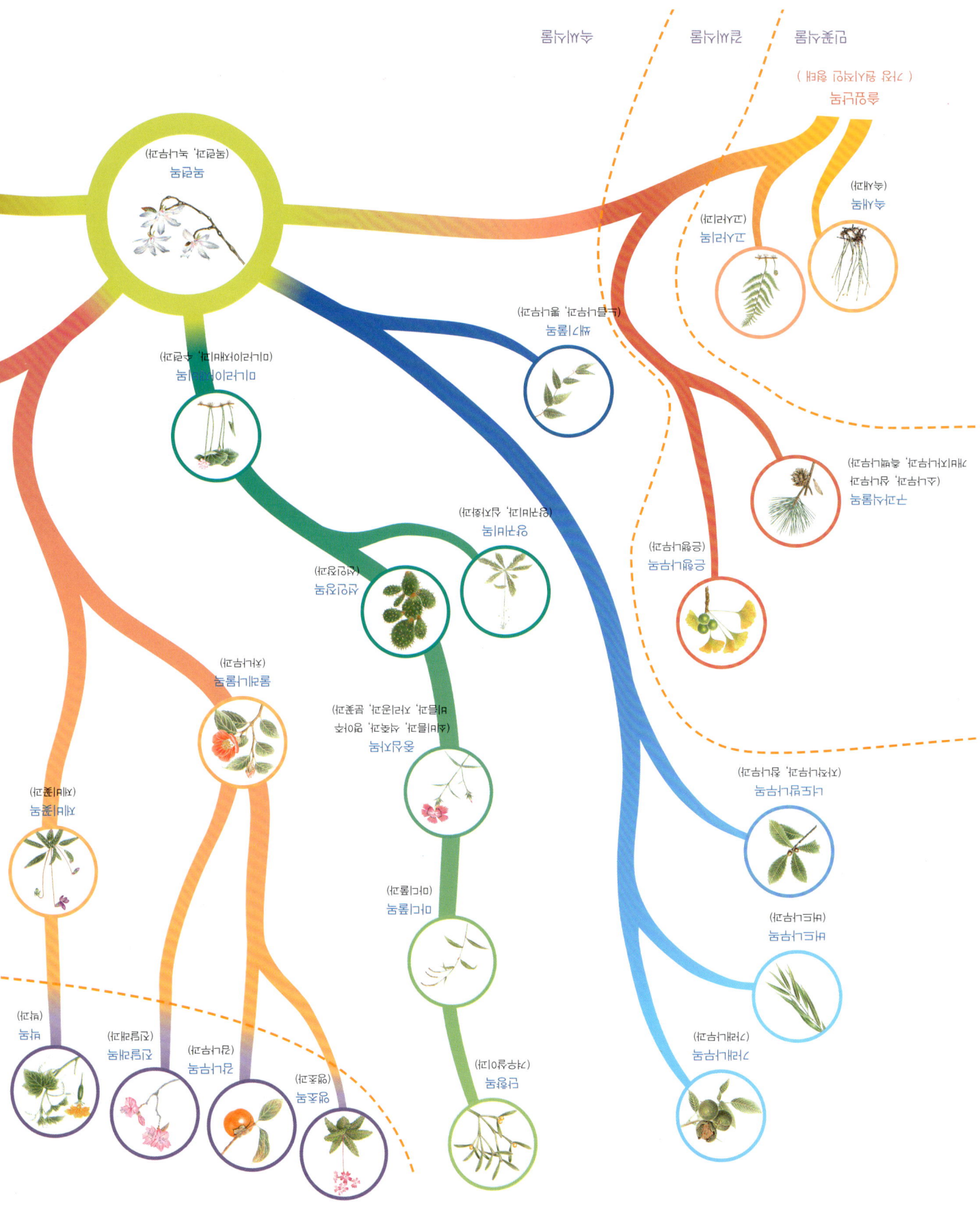

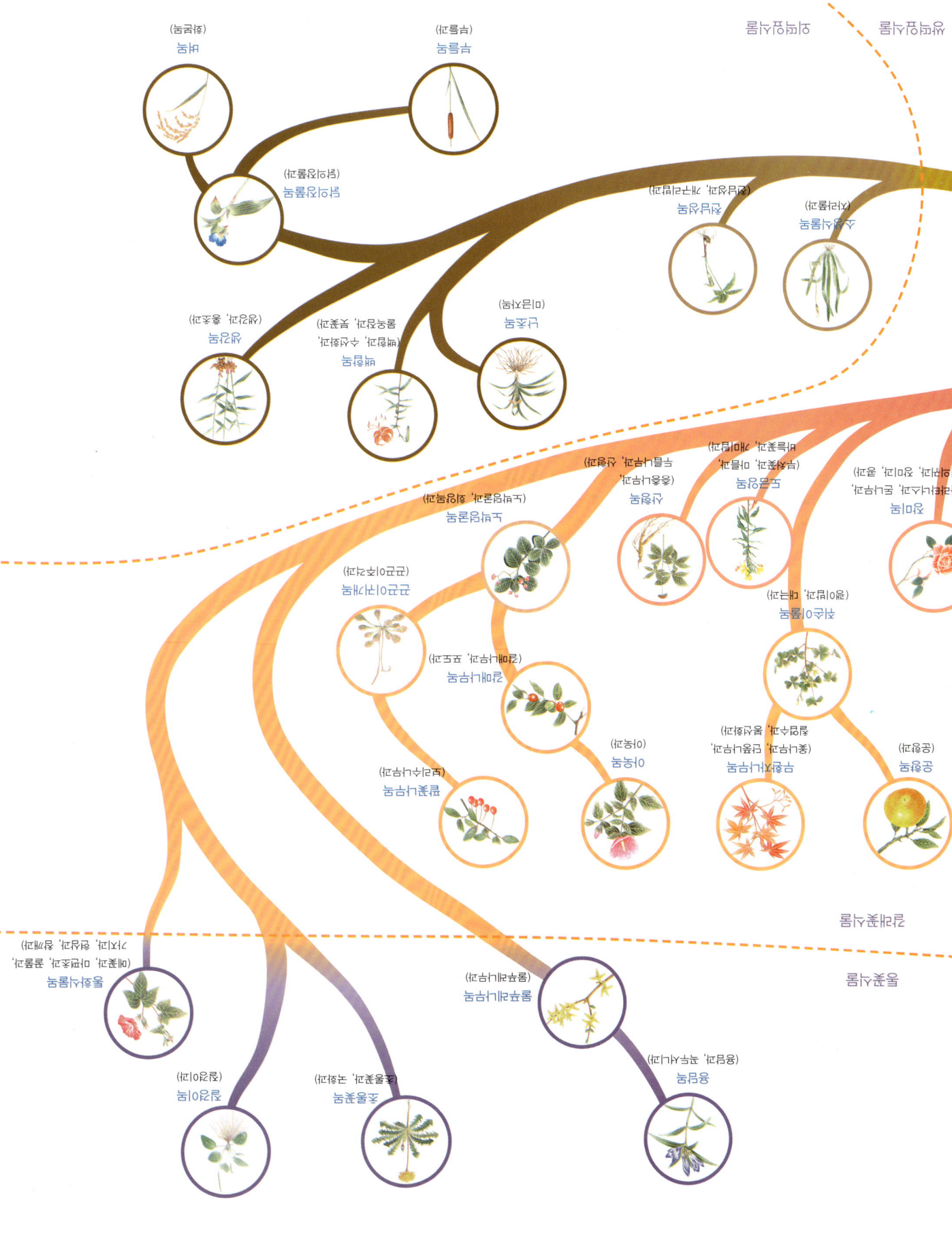

민들레에 있는 벌레

민들레꽃 민아욱 민들레

민들레꽃이 피려고 하기 전에 꽃봉오리를 잘라보면 그 속에 아주 작은 벌레들이 빼곡히 들어앉아 있는 걸 볼 수 있습니다. 이 벌레들은 꽃봉오리 안에서 꽃가루를 먹으며 자랍니다. 꽃이 피고 난 뒤 벌레들은 밖으로 나와 꽃잎 사이나 꽃받침 안쪽에 숨어 있습니다. 민들레꽃은 낮에는 피었다가 밤에는 오므라들기 때문에, 이 벌레들은 꽃이 오므라든 사이에 다시 꽃 속으로 들어가 꽃가루를 먹기도 합니다. 민들레가 씨를 맺고 홀씨가 되어 바람에 날아갈 때쯤이면 벌레들도 다 자라서 날개가 돋고 날아갑니다.

민들레와 비슷하게 생긴 풀로 민아욱과 민들레가 있습니다. 이 풀들도 민들레처럼 꽃봉오리 안에 작은 벌레들이 들어 있고, 꽃이 피고 지는 모습도 민들레와 비슷합니다.

수염뿌리가 있는 식물

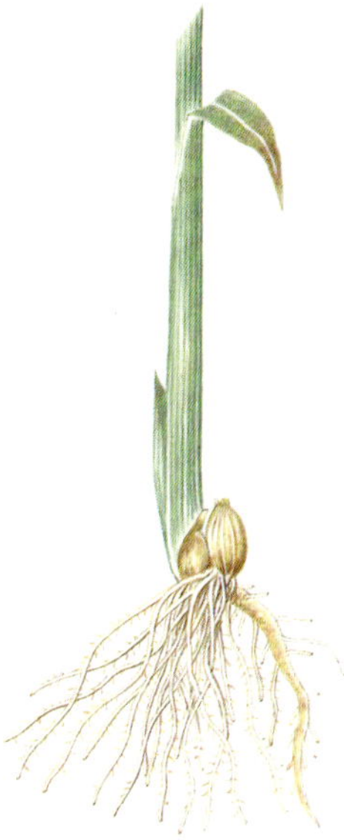

벼

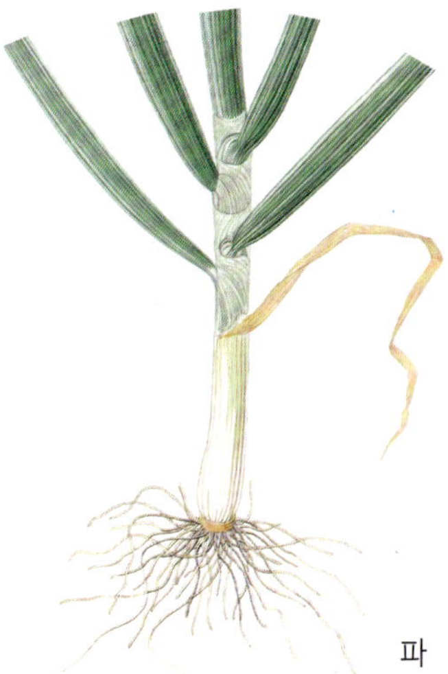

파

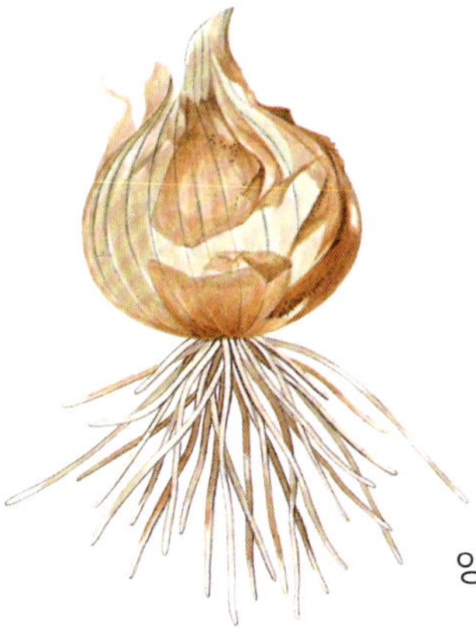

양파

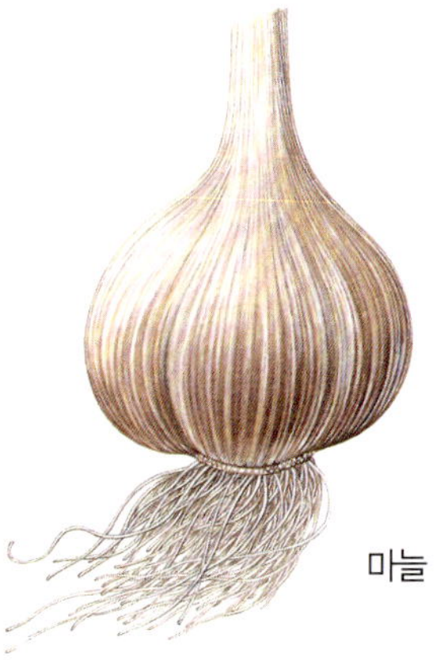

마늘

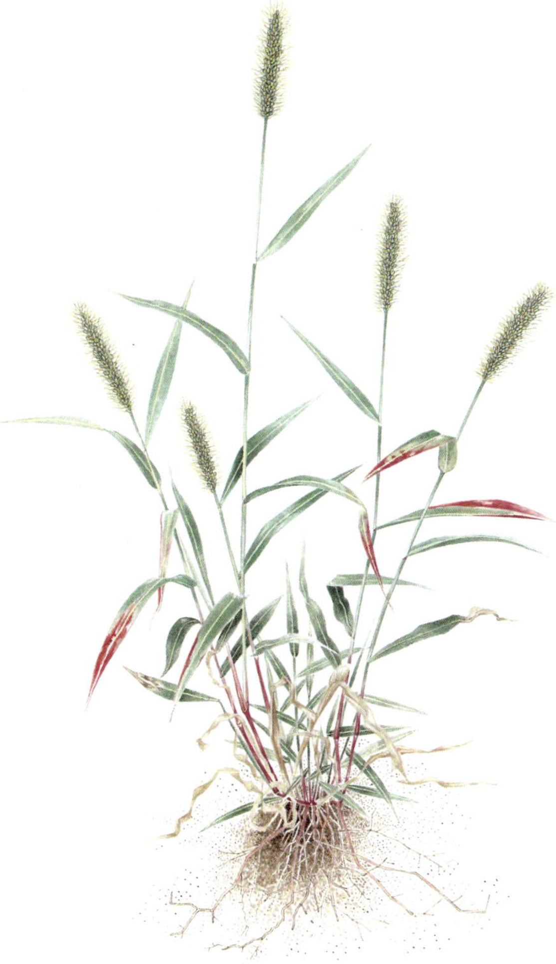

강아지풀

저장뿌리가 있는 식물

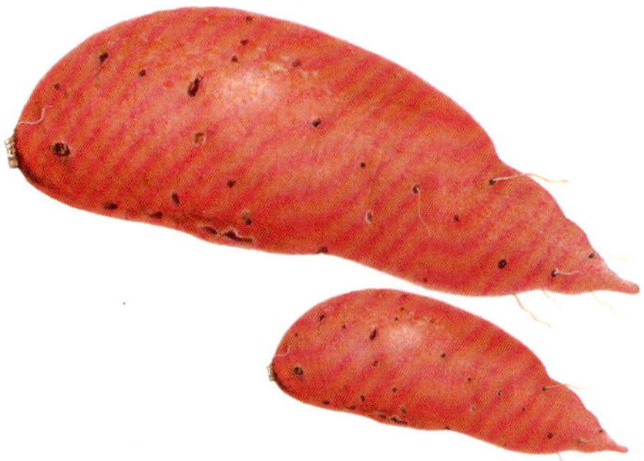

고구마

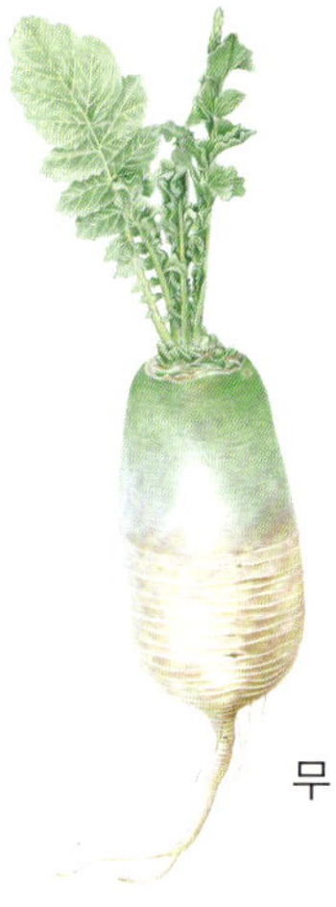

무

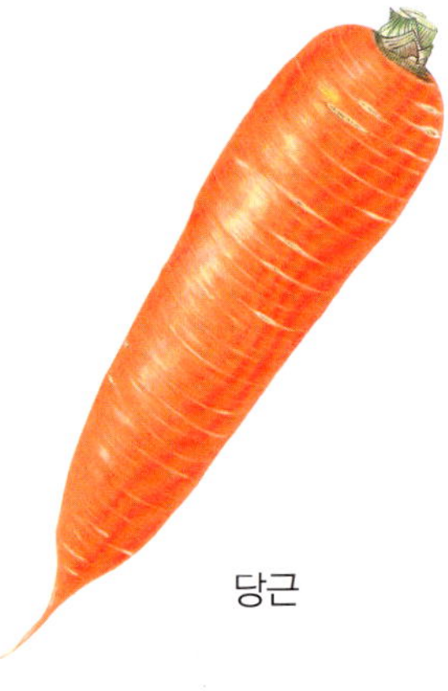

당근

아름다운 꽃

나는 모양, 색깔, 향기가 아름다워서 사람들을 즐겁게 해줍니다.

꽃은 벌이나 나비 같은 곤충이나 새를 유인하는 데 꼭 필요하지요. 나는 식물이 꽃가루받이를 하는 데 큰 도움을 줍니다. 곤충이나 새가 꽃 속에 있는 꿀단지를 찾아오면 자연스레 꽃가루받이가 되거든요. 곤충한테 다른 꽃의 꽃가루를 받아서 열매를 맺는 식물 종류가 많습니다. 자운영과 꿀벌도 한 예이지요. 새한테 꽃가루를 받는 꽃은 동백꽃이랍니다. 동백나무는 너무 이른 봄에 꽃이 피어 곤충의 도움을 받을 수가 없으니 작은 동박새의 도움을 받지요. 이런저런 곤충이나 새의 도움을 받지 않고 제꽃가루받이를 하는 식물도 있답니다. 가지 같은 식물이지요. 그러니 꽃은 식물이 새 생명을 태어나게 하고 번식하기 위해 있는 셈입니다.

저마다 다르게 생긴 꽃

돌나물

동백꽃

군자란

맥문동

히아신스

딸기   토끼풀

기도 들꽃 가지 꺾기

내 생가 봄날 꽃망울이 막 터질 때이면 이름다운 들꽃 가지들을 꺾어 벗들과
나누기 좋아하는 사람이었기에 봄이면 공원 길가 꽃들이 꺾일까 무서워 동동
발구르기 일쑤 꽃망울 꽃 피었으니 이들 가지를 꺾어 몇몇 벗들과 나눠보
리라 하며.

들꽃이 많을수록 벗과 나누자 한 가지라도 채취하여 많을수록 좋고 꺾은 가
지들을 생각하지만 지인 걱정을 가지고 많다보니 있는 마음에는 매우 쓸쓸
기에야 될 것 같았다.

들꽃이 꽃망울 있으면 많음이 보기에 좋은 꽃망울들은 또한 꽃보기 좋으신
이들을 마음에 들고 갖춰보면 바치고 싶었습니다. 꽃의 꽃망울 좋으신 동료들
는 들꽃의 많으신 꽃봉오리들 담으신 채취가 있습니다. 꽃망울 또는 동료들
을 가지지고 싶습니다.

꽃이기에 더욱 가지이 반듯한 꽃가지 서너 포기 또 한두가지를 들꽃 가지꽃말
로 동료들 꽃이 피어있으며 꽃가지를 몇마디으로 만들어장아 동료가 두손이
가지들 동료에게 바치다 꽃 피었다가 한 의미인 것가지 이야 말과 들을 동료에

산행이 여러 가지 종기

덩굴줄기, 감는 줄기를 가진 식물

메꽃

나팔꽃

서는 줄기를 가진 식물

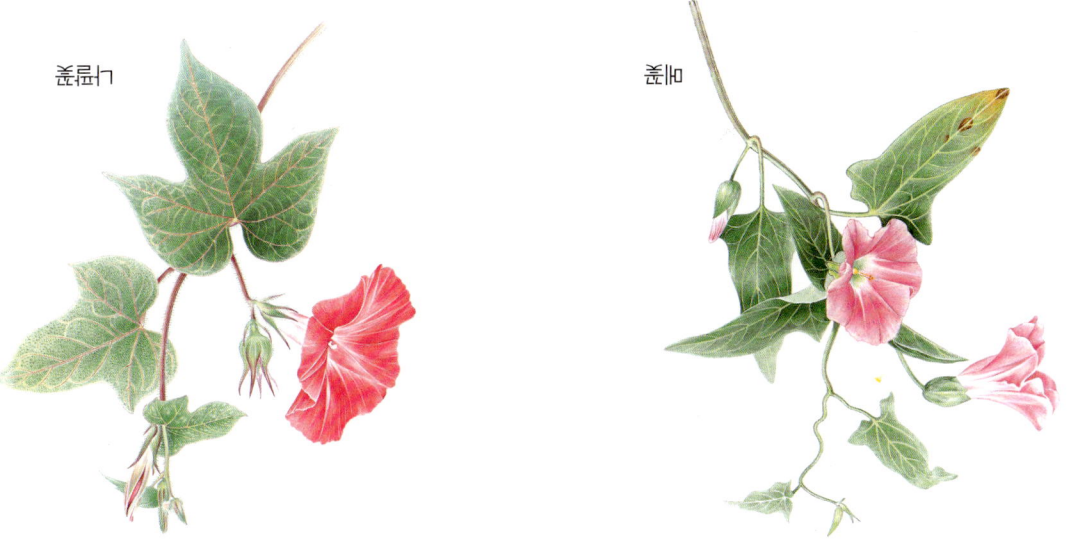

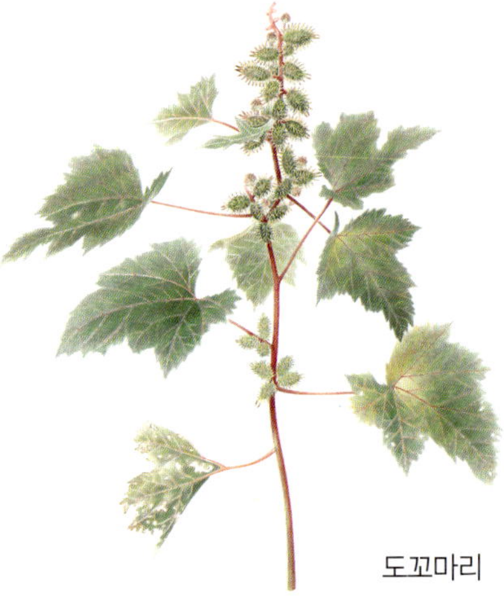

도꼬마리

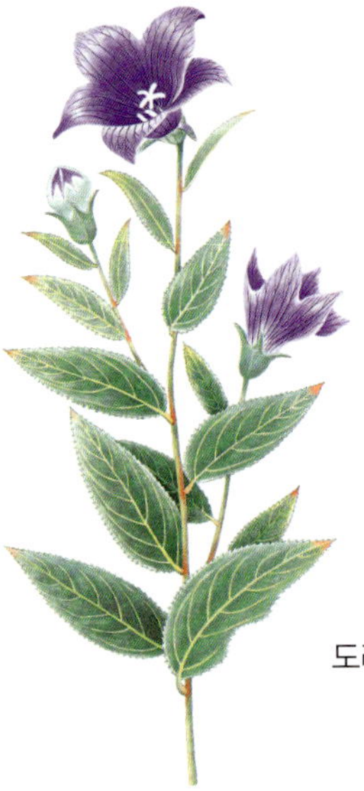

도라지

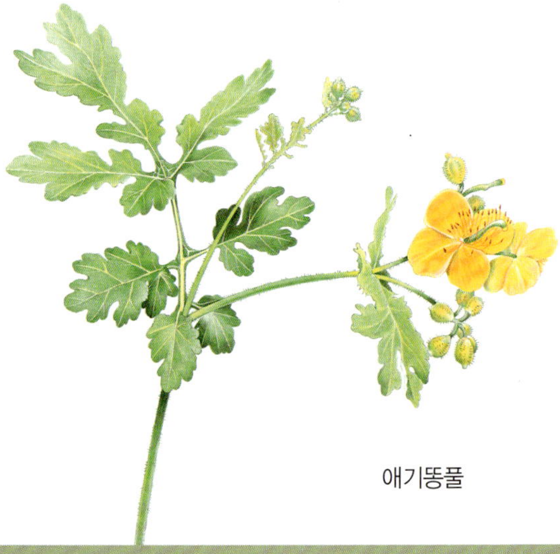

애기똥풀

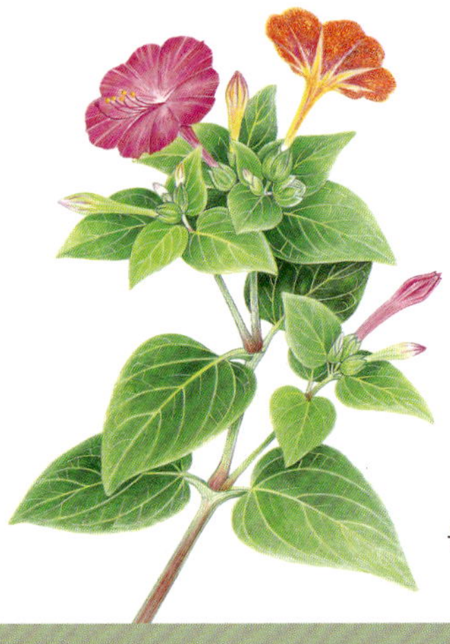

분꽃

| 토끼풀 | 은방울꽃잎 | 윤판 | 둥글레잎 |

산에서 만나게 되는 잎

나는 생태숲에 피어나서 꽃들을 불러들이는 잎들을 만났다. 이 자연은 모두는 꽃들이 피어나기 전에 먼저 초록의 잎을 열고 있어서, 이 잎들은 누구라도 볼 수 있다. 꽃과 열매가 이어지는 생명의 초석이다.

이 녹음의 풀은 잎이다. 대체로 잎들은 같은 시기에 피어나 자라는데, 이파리가 얇아 얇고, 또 그늘져서 어둡다. 어떤 잎은 광택이 난다. 아이들은 기쁨의 표시로 잎사귀를 흔들어 준다. 잎과 꽃은 어울리는 조화의 아름다움이다.

녹음이 들어 숨쉬는 잎 뒤에서 살랑거리는 잎 아이들은 두꺼운 정원 잎들이 많다. 오랜만에 자리 잡은 잎들이 아이들이 많아도 잎, 꽃도 잎이 피어나 같기도 한다.

모두가 생기를 얻고 있다. 가지에 울창한 잎과 열매가 이어지는 숲의 풍경이란 아름다움의 극치를 이룬다. 이 녹색은 모든 잎사귀가 하나가 되어 숲으로 향하고 있는 것이다. 잎이 자라고 꽃이 피어나며 열매를 맺고 오가는 새들, 꽃들에게 이는 잎이 은은한 흐름의 아름다움을 담아내고 있는 것이다.

나의 다리 앉기 생각지

콩   고추   팥

자연이 만들어 낸 웰빙식 채식

웰빙한 채식

사람이 먹는 가장 흔한 식물의 곡식이지요.
옛날부터 씨앗을 받아서 키워온 곡물로는 '콩, 옥수수, 고추, 팥, 녹두' 등이 있는데요. 가장 많이 먹는 식물은 콩입니다. 콩은 포도처럼 씨앗이 주렁주렁 달려 있어요. 씨앗 하나하나가 떨어져서 땅에 떨어지면 싹이 나서 큰 콩이 됩니다. 콩은 옛날(古代)에 중국에서부터 들어온 식물로 우리나라에서 가장 많이 먹는 곡물입니다. 콩을 먹기도 하고, 이 콩을 가지고 두부를 만들어서 먹기도 합니다. 옛날에는 많은 곡식을 자라게 했습니다.

옥수수도 가장 많이 먹는 곡물 중 하나입니다. 옥수수는 땅에서 큰 키로 자라는데, 이삭에 많은 알이 붙어 있습니다. 옥수수는 꿀이 많고 단맛이 강한 것이 특징이고, 이것으로 옥수수빵을 만들기도 하고, 옥수수도 많은 영양을 가지고 있습니다. 팥은 작고 붉은 알이 있고, 이것으로 팥빵을 만들기도 하고, 팥죽을 쑤어 먹기도 합니다.

고추는 아이가 먹기에는 조금 맵지만 김치나 양념에 고추를 넣고 음식의 맛을 더해줍니다. 2,000여 년 전에서부터 우리나라에 들어온 씨앗 식물이 많이 있습니다. 그 씨앗 식물들을 잘 키워서 계속 이어가고 있는 것을 알 수 있습니다.

산과 들에 저절로 자라는 식물

강아지풀
고란초
고사리
괭이밥
구절초
금낭화
기린초
까치수영
꽃다지
꿀풀
끈끈이주걱
냉이
노루귀
달래
달맞이꽃
닭의장풀
도깨비바늘

도꼬마리
도라지
돌나물
동자꽃
둥굴레
마름
맥문동
머위
메꽃
명아주
무릇
물봉선
민들레
뱀딸기
보춘화
복수초

복주머니란
붓꽃
비비추
산국
속새
솜다리
쇠뜨기
수선화
쑥부쟁이
씀바귀
애기똥풀
앵초
양지꽃
얼레지
엉겅퀴
여뀌

용담
원추리
은방울꽃
익모초
제비꽃
조개풀
질경이
참나리
참취
천남성
초롱꽃
코스모스
토끼풀
패랭이꽃
풍란
할미꽃

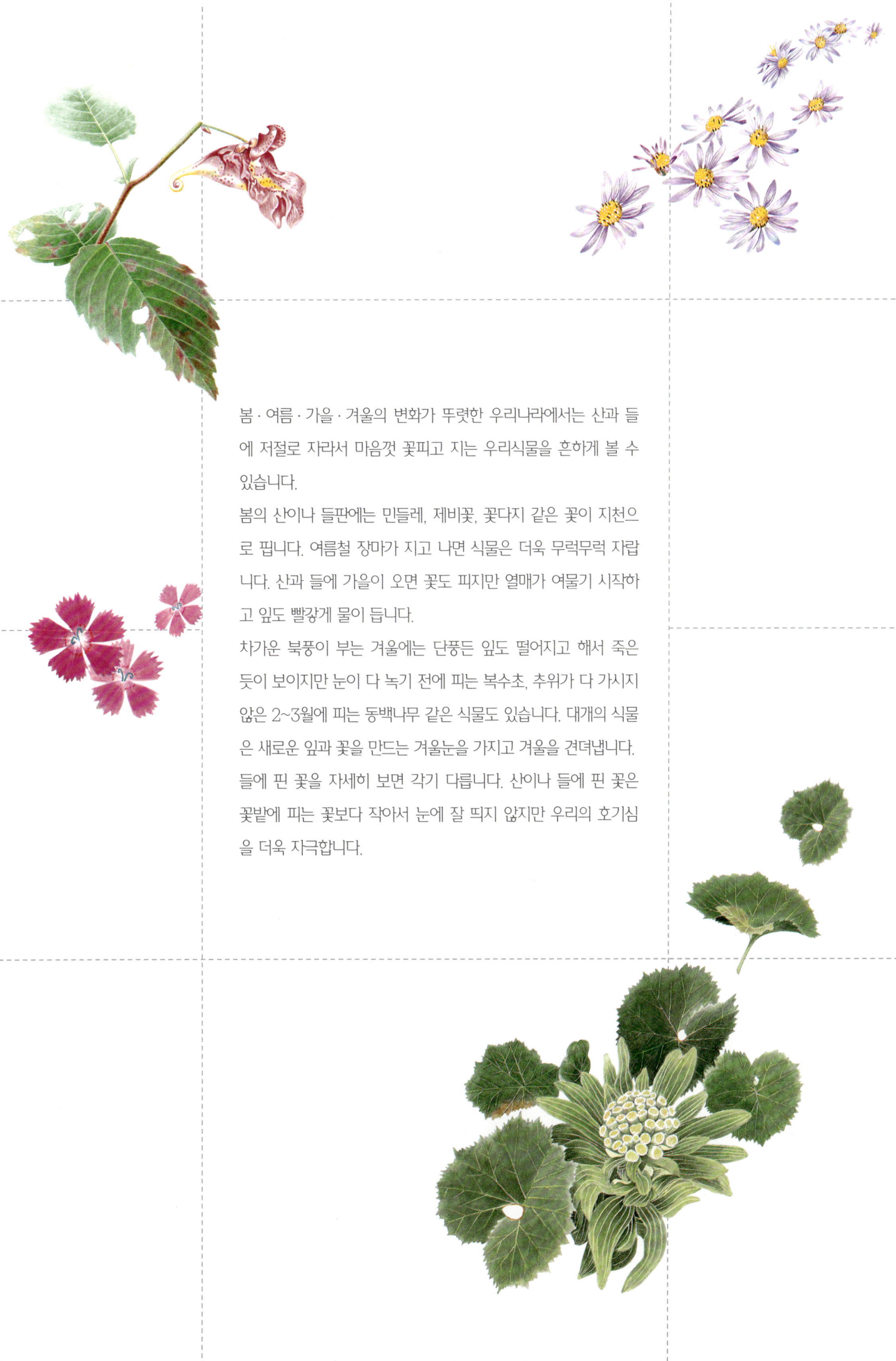

봄·여름·가을·겨울의 변화가 뚜렷한 우리나라에서는 산과 들에 저절로 자라서 마음껏 꽃피고 지는 우리식물을 흔하게 볼 수 있습니다.

봄의 산이나 들판에는 민들레, 제비꽃, 꽃다지 같은 꽃이 지천으로 핍니다. 여름철 장마가 지고 나면 식물은 더욱 무럭무럭 자랍니다. 산과 들에 가을이 오면 꽃도 피지만 열매가 여물기 시작하고 잎도 빨갛게 물이 듭니다.

차가운 북풍이 부는 겨울에는 단풍든 잎도 떨어지고 해서 죽은 듯이 보이지만 눈이 다 녹기 전에 피는 복수초, 추위가 다 가시지 않은 2~3월에 피는 동백나무 같은 식물도 있습니다. 대개의 식물은 새로운 잎과 꽃을 만드는 겨울눈을 가지고 겨울을 견뎌냅니다.

들에 핀 꽃을 자세히 보면 각기 다릅니다. 산이나 들에 핀 꽃은 꽃밭에 피는 꽃보다 작아서 눈에 잘 띄지 않지만 우리의 호기심을 더욱 자극합니다.

이삭 모양이 강아지 꼬리 닮은 강아지풀

나는 강아지풀입니다.
벼과에 딸린 한해살이풀이지요. 강아지풀이라는 이름을 갖게 된 것은 내 이삭이 어린이 놀잇감이 되기 때문입니다.
패어 있는 나의 이삭을 따서 손바닥에 놓고 "오요요, 오요요!" 강아지 부르는 소리를 내며 손바닥을 움직이면 이삭이 움직입니다. 종이 위에 이삭을 놓고 강아지풀 놀이를 하기도 하지요. 그래서 강아지풀이라 부르게 되었답니다.
한편 이삭 모양이 강아지 꼬리 같다 하여 강아지풀이 되었다고도 하지요. 이삭이 개꼬리 모양 같다 하여 개꼬리풀이라 부르기도 하고요.
강아지풀, 나는 물기가 많지 않고 햇볕이 잘 드는 길가, 빈터, 숲 가장자리, 논밭둑에 많이 자라는데, 세계의 온대지방과 아열대지방에 고루 퍼져 있습니다.
땅속으로 수염뿌리가 뻗어 있고, 줄기는 모여나며, 아래쪽에서 가지를 칩니다. 줄기는 곧고 가늘며 털이 없고 마디가 깁니다. 키는 20~70cm 정도 자랍니다.
잎은 어긋나고, 아래쪽에는 줄기를 감싸는 잎집이 있습니다. 잎집과 입혀에는 털이 나 있고, 잎의 가장자리는 거칩니다. 잎은 조빗하고 끝이 뾰족합니다. 길이가 5~20cm, 너비가 5~20mm 정도이며, 잎맥이 또렷하지요.
작은 꽃이 여러 개 모여 원뿔꼴의 이삭이 되는데, 작은 꽃자루 아래에 빳빳하고 긴 털이 나서 이삭 모양을 만듭니다. 길이는 5cm쯤 되지요. 이삭이 개꼬리 같다는 것은 이를 가리킨 말입니다. 이 이삭을 따서 어린이가 강아지풀 놀이를 하지요. 이삭이 패는 때는 여름인 7~9월이며, 작은 꽃에는 수술이 세 개, 암술머리가 두 개 있습니다.
9~10월에 작은 열매가 익는데, 길쭉하고 둥근 모양입니다.
줄기는 소의 먹이가 되고, 9월에 뽑아 말린 뿌리는 촌충을 없애는 약재로 쓰이기도 합니다.

벼목 벼과 | *Setaria viridis*(L.) Beauv. | 한해살이풀 | 우리나라 전역에 저절로 자란다 | 꽃 피는 때 : 7~9월 | 열매 익는 때 : 9~10월
쓰임새 : 약용, 가축의 먹이

백제왕이 약수에 띄웠던 고란초

나는 '고란초'라는 늘푸른 오래살이풀입니다. 고란초과에 딸린 풀은 모두 양치식물인데, 고사리처럼 꽃을 피우지 못하고 홀씨로 불어나지요.

나, 고란초는 숲 속 그늘진 곳에 있는 바위 틈에서 자랍니다.

백제의 서울인 부여의 부소산에는 낙화암 절벽에 이어진 고란사가 있습니다. 이 절 뒤에는 고란정이라는 약수 우물이 있는데, 우물가 절벽과 바위틈에 사철 푸른 풀이 자랐답니다.

"고란사에 가면 빛이 들지 않는 응달 바위 틈에, 눈 속에서도 잎이 푸른 풀이 자란대요. 생명력이 대단한 풀이지요." 하며 사람들은 이 풀을 고란초라 불렀습니다. 고란사 이름을 딴 것이지요.

백제의 왕은 왕궁의 동산인 부소산에 와서 부소산을 돌아 흐르는 강을 구경하고, 약수를 마시려고 고란사에 들르곤 했습니다.

스님들은 약수에 고란초를 띄워 왕에게 올렸습니다. 왕이 고란초에서 생명력을 얻도록 비는 마음에서였지요.

사람들은 한때 나, 고란초를 고란사 절벽에만 있는 희귀식물로 여겼습니다. 그러다가 우리나라 여러 곳에 자생하고, 중국과 일본에서도 자란다는 사실을 밝혀냈습니다.

나는 가느다란 땅속줄기가 무더기로 나와서 길게 뻗어 잎을 피우는데, 잎은 보통 끝이 뾰족한 타원형입니다. 이따금 둥글거나 가장자리가 두세 갈래로 갈라지는 것도 있습니다. 갈라진 잎은 가운데 것이 더 큽니다.

잎 뒤에 지름 2~3cm쯤 되는 둥근 홀씨주머니가 있습니다. 가운데 잎맥을 중심으로 양쪽에 나란히 붙어 있는데, 멀리서 보면 둥근 점들이 두 줄로 늘어선 것처럼 보입니다. 홀씨주머니를 지니는 것이 고란초과에 딸린 식물의 특성입니다.

홀씨주머니는 6월에 생겨, 9월에 노란 빛깔로 익지요. 이것이 말라서 건조해지며 주머니가 터지면서 홀씨가 흩어지게 되고, 습한 곳에 떨어진 홀씨가 자라 고란초 새싹이 됩니다.

고란초, 나는 뿌리와 잎이 모두 사람의 건강을 돕는 약재로 쓰입니다.

고사리목 고란초과 | *Crypsinus hastatus* (Thunb.) Copel. | 여러해살이풀 | 우리나라 전역에서 저절로 자란다 | 홀씨 익는 때 : 6～9월
쓰임새 : 관상용, 약용

홀씨로 번식하는 고사리

나는 고사리입니다. 고사리과에 딸린 여러해살이풀이지요.
나는 양지바른 산에서 자랍니다. 땅속줄기는 둥글고, 옆으로 길게 뻗으며 군데군데에 잎을 내지요.
사람들이 고사리 싹이라 생각하는 것이 바로 어린잎과 줄기로 이것을 데쳐서 나물로 먹습니다. 잎은 잎자루가 길고, 곧게 서며, 높이 20~100cm쯤 자랍니다.
잎의 앞면은 녹색이고, 뒤쪽은 옅은 녹색입니다. 잎은 깃꼴로 두세 번 갈라집니다. 홀씨주머니가 잎 가장자리 뒷면에 무리지어 붙어 있고, 서로 이어져 있습니다.
홀씨란 식물 중에서 암수의 구별 없이 자손을 이어가는 생식세포를 가리키는 말입니다. 홀씨로 자손을 이어가는 식물에는 고사리과 식물 외에 버섯, 이끼 등이 있습니다. 이처럼 고사리는 꽃을 피우지 않고 암수의 구별도 없이 홀씨로 후손을 이어갑니다. 홀씨는 씨앗의 기능을 하므로 이것이 땅에 떨어지면 고사리로 싹트게 되지요.
지구 위에는 고사리과 식물이 1만여 종이 있으며, 우리나라에만 300여 종이 자랍니다. 추운 지방보다는 온대와 열대는 물론이고 건조지역에 많이 퍼져 있지요.
고사리과 식물은 어느 것이나 땅속에 뿌리줄기가 있고, 땅위로 솟은 잎은 깃 모양이며 홀씨주머니를 지닙니다.

지구는 원래 고사리식물(양치류) 세상이었습니다. 고사리식물 시대는 4억 년 전부터 시작되었는데, 공룡이 소리치며 뛰어다니던 2억 년 전까지도 그러했습니다. 그때는 현재처럼 꽃으로 씨를 맺는 식물은 없고, 고사리식물만 우거져 있었는데 아름드리 고사리식물이 쌓여 석탄이란 땔감이 되어 주었습니다.

이처럼 고마운 고사리, 나는 지금도 좋은 일을 합니다. 우리나라 사람들은 고사리를 나물 중에서도 값진 것으로 생각하고 있지요. 조상에게 제사 올리는 제사상에 고사리나물이 오르는 것만 봐도 그것을 알 수 있습니다.
줄기가 연한 고사리를 5cm 길이로 썰고 기름에 볶아, 양념과 간장을 곁들여 고사리나물을 만듭니다. 고사리로 국을 끓이기도 하지요.
땅속줄기에서 녹말을 뽑아내기도 하고, 어린 순을 약재로 쓰기도 합니다.

고사리목 고사리과 | *Pteridium aquilinum* var. *latiusculum* (Desv.) Underw. | 여러해살이풀 | 우리나라 전역에서 저절로 자란다
쓰임새 : 식용, 약용

벌레 물린 데 약으로 쓰이는

괭이밥

밭이나 빈터, 논둑, 밭둑, 돌담 밑 등에서 노랑꽃을 피우는 나를 보았을 테지요.
나는 괭이밥입니다. 괭이밥과에 딸린 여러해살이풀이지요. 내 잎을 뜯어서 씹어 보면 새큼한 신맛이 나지요. 그것은 내 몸속에 옥살산(蓚酸)이라는 신맛 나는 성분이 있기 때문입니다.

손톱에 봉선화 물을 들일 때 괭이밥, 나를 백반 대신 쓸 수 있습니다. 봉선화 꽃잎에 소금을 약간 넣고 나를 백반 대신 같이 넣어서 찧은 다음, 손톱 위에 매고 하룻밤 지내 보세요. 백반 없이도 봉선화 물이 예쁘게 들지요.

한방에서는 나를 초장초(酢漿草)라 하여 여러 약재로 씁니다.

여름밤 벌레가 몰래 와서 살을 물 때,
"아이고 따가워. 아이고 가려워. 살이 부었네."
하고 소리치고 놀랄 것 없어요. 괭이밥, 나를 찧어서 물린 상처에 문지르거나 매어 두세요. 약효가 그만이지요.

이처럼 어린이와 친한 괭이밥, 나는 요즘 화초의 하나로 화분에 가꾸어지면서 사람들과 더욱 가까워졌습니다.

내 키는 10~30cm쯤 됩니다. 키가 화분에 넣어 가꾸기에 알맞고, 꽃도 예쁘고 잎도 예쁘지요.

뿌리는 땅속에 깊이 뻗어 있고, 줄기는 가지를 많이 치면서 옆으로, 위로 비스듬히 자랍니다.

잎은 어긋나고, 긴 잎자루가 있으며, 잎 모양이 세 갈래로 나뉘고, 작은잎은 거꾸로 된 심장꼴입니다.

5~8월에 꽃이 피는데, 잎겨드랑이에서 긴 꽃대가 나와 그 끝에 1~8개의 꽃이 달립니다. 꽃잎은 다섯 장이고, 꽃받침도 다섯 개입니다.

6월부터 열매를 맺기 시작하여 9월에 익는데, 열매는 원기둥꼴이며 그 속에 볼록렌즈 모양의 많은 씨가 들어 있지요.

쥐손이풀목 괭이밥과 | *Oxalis corniculata* L. | 여러해살이풀 | 우리나라 전역에서 저절로 자란다 | 꽃 피는 때 : 5~8월 | 열매 익는 때 : 9월
쓰임새 : 식용, 약용

산과 들의 가을꽃
구절초

나는 예쁜 가을꽃 구절초입니다.
국화과에 딸린 여러해살이풀인데, 흔히 들국화라 부르지요. 우리나라 각 지방의 산과 들에 자라며 관상용보다는 약재로 많이 쓰입니다.
줄기에 마디가 생기는데, 5월 단오 무렵에는 다섯 마디, 9월 9일 중구(重九)가 되면 아홉 마디가 됩니다. 이 아홉 마디 줄기를 약으로 쓰므로 구절초라는 이름이 생겼답니다. 구절초란 '아홉 마디의 풀'이라는 뜻이지요.

구절초, 나는 우리나라뿐만 아니라 중국과 일본, 몽골에까지 널리 퍼져 사랑받는 들꽃입니다.
땅속줄기가 옆으로 뻗으면서 새 뿌리를 내지요. 그래서 무리를 지어 자랍니다. 잎은 어긋나며, 가지 끝에 한 송이씩 꽃을 피웁니다.
한 송이 꽃이 한 개의 꽃처럼 보이지만 실제는 수많은 꽃이 한데 모인 것입니다.
이처럼 여러 꽃이 모여, 머리 모양을 이루는 꽃의 배열을 두상(頭狀)꽃차례라 합니다.

가운데 모인 꽃이 대롱꽃이며 노랑 빛깔입니다. 가장자리에 붙은, 꽃잎이 긴 꽃이 혀꽃이며 대부분 흰 빛깔입니다.
구절초, 나는 수많은 대롱꽃과 혀꽃이 모여 한 송이 꽃을 이루지요. 국화의 꽃모양도 이와 같습니다. 나를 들국화라 부르는 것은 꽃모양이 국화와 닮았기 때문입니다.
8~10월에 꽃을 피우며, 10월에 씨앗이 여물지요. 잎, 줄기, 뿌리가 모두 약재로 쓰이고, 특히 꽃은 술을 담그기도 합니다.
원예가 발달하면서 나는 관상용 꽃으로 가꾸어져 꽃가게에 나오게 되었습니다.
꽃밭에서도 흔하게 볼 수 있고, 꽃꽂이 꽃으로 쓰기도 합니다.
집 안에 심어 두면 늦가을까지 들국화의 향기를 즐길 수 있지요.

초롱꽃목 국화과 | *Chrysanthemum zawadskii* var. *latilobum* Kitamura | 여러해살이풀 | 우리나라 전역에서 저절로 자란다
꽃 피는 때 : 8~10월 | 열매 익는 때 : 10~11월 | 쓰임새 : 관상용, 약용

주머니꽃이 열리는
금낭화

나는 주머니꽃이 여러 개 열리는 금낭화입니다. 현호색과에 딸린 여러해살이풀이지요. 금낭화(錦囊花)는 '비단 주머니꽃'이라는 뜻입니다. '며느리 주머니'라 부르기도 하는데 이런 이름은 꽃모양을 보고 지은 것입니다.
풀잎이 모란잎을 닮았고, 덩굴에 매달린 듯이 꽃이 핀다 하여 '등모란', '덩굴모란'으로 부르기도 합니다.

내 키는 30~60cm이며, 뿌리가 땅속 깊이 뻗고 흰빛이 도는 녹색입니다. 잎은 어긋나고, 긴 잎자루 끝에 석 장씩 달리며, 두 번에 걸쳐 갈라진 깃꼴잎입니다.

4~5월부터 길이 3cm쯤의 연붉은 꽃을 계속 피우는데, 모양이 아주 독특한 꽃이 원줄기에 주렁주렁 매달립니다. 꽃잎 네 장이 모여 만들어진 심장 모양의 꽃주머니 같지요.
꽃이 피면 줄기는 꽃 무게 때문에 휘어집니다.
꽃받침은 두 개, 몸이 둘로 갈라진 수술이 여섯 개이고, 암술은 하나입니다.

9월부터 10월까지 씨가 여무는데, 길이 1~2cm의 긴 타원꼴이며, 검고 반들거립니다.
금낭화, 나는 독이 있지만 물에 담가 독을 뺀 다음 나물로 먹지요. 강원도 지방에서는 며눌치나물이라 하여, 취나물, 얼레지나물과 함께 맛 좋은 나물로 손꼽힙니다.
옛날 중국에서 금낭화를 관상식물로 들여와 꽃밭에 가꾸기 시작했습니다. 그래서 금낭화를 중국 원산으로 여겼답니다. 그러나 그 뒤, 속리산, 가야산, 주왕산, 태백산과 치악산, 설악산 등지의 골짜기 바위틈에 금낭화가 자생하고 있음을 확인했습니다. 금낭화, 나는 한국 원산의 들꽃인 것입니다.
나는 뿌리로 겨울을 나고 봄부터 늦가을까지 이어 피는 꽃이므로 화분이나 꽃밭에 한 번 심어 두면 오래오래 꽃을 볼 수 있습니다.
몇 해에 한 번씩 포기 나누기를 해 주면 더욱 잘 자라지요.

양귀비목 현호색과 | *Dicentra spectabilis* (L.) Lem. | 여러해살이풀 | 우리나라 전역에서 저절로 자란다 | 꽃 피는 때 : 4~5월
열매 익는 때 : 9~10월 | 쓰임새 : 관상용, 식용, 약용

바위 위에 뿌리박고 사는 기린초

나는 기린초입니다. 돌나물과에 딸린 여러해살이풀이지요. 우리나라 산에서 자라는데, 메마른 바위 위에 뿌리를 박고 살며, 가뭄에도 잘 견디는 생명력이 있는 식물입니다. 잎과 줄기가 돌나물의 잎처럼 육질로 되어 있고, 번식력이 왕성합니다.

내 키는 5~30cm쯤이며, 한군데에서 원줄기가 여러 개 나옵니다.

잎은 짧고, 어긋나며, 긴 타원형입니다. 끝이 둥글고 밑으로 내려갈수록 조빗해져서 원줄기에 잎자루 없이 달려 있지요. 잎의 길이는 2~4cm쯤 되고 너비는 1~2cm쯤입니다. 잎에는 털이 없고 가장자리에 톱니가 나 있습니다.

6~7월에 꽃이 피는데, 꽃잎은 다섯 개이고, 원줄기 끝에 별 모양의 노란 꽃이 많이 달립니다. 수술이 열 개이고, 꽃잎, 꽃받침잎, 씨방이 다섯 개씩 있는 것이 특이한 점이지요. 꽃잎은 끝부분이 뾰족하며 길이는 5mm쯤이고, 오래도록 핍니다.

8~9월에 여러 씨방으로 된 열매가 열리는데, 가장자리가 다섯으로 깊게 갈라진 별 모양입니다.

연한 순은 신맛이 나며, 기름이나 소금에 조려서 먹기도 하지요.

메마른 산에 뿌리박고 사는 야생초이지만 집안 화단에 심어도 잘 자라는 식물이어서 노란 꽃과 가지런한 잎을 보려고 집 안에서 가꾸기도 합니다. 요즘에 외래종 기린초가 화초로 들어와 있지만 깨끗한 꽃빛깔이나 잎이 우리나라 원산만 못하지요.

우리나라에는 기린초와 형제뻘 되는 식물이 많이 있습니다. 가는기린초는 바위가 많은 골짜기에서 자라며 높이가 50cm쯤 되고, 6~7월에 꽃이 핍니다. 큰잎기린초는 높이 40cm쯤 자라고 7월에 꽃이 핍니다. 그 밖에도 좁은잎기린초, 넓은잎기린초, 각시기린초, 애기기린초 등이 있지요.

섬기린초는 울릉도 바닷가에 자생하는 우리나라 특산식물입니다. 줄기가 옆으로 비스듬히 자라며, 높이는 50cm쯤 되는데, 아랫부분 30cm 정도는 겨울을 견디며 남아 있다가 봄이 되면 다시 싹이 틉니다.

기린초, 나의 꽃말은 '추억', '인내'이지요.

양귀비목 돌나물과 | *Sedum kamtschaticum* Fisch. | 여러해살이풀 | 우리나라 전역에서 저절로 자란다 | 꽃 피는 때 : 6~7월
열매 익는 때 : 8~9월 | 쓰임새 : 관상용, 식용, 약용

'동심'이라는 꽃말을 가진

까치수영

나는 까치수영입니다. 앵초과에 딸린 여러해살이풀이지요. 구슬 같은 열매가 여러 개 달려 있어 진주채(珍珠菜)라고도 하고, 꽃이삭 모양이 짐승의 꼬리 같다 하여 개꼬리풀이라고도 하지요.

내 키는 50~100cm쯤 자라며, 전국의 산과 들, 길가,.초원 등에서 자랍니다.

땅속줄기가 옆으로 길게 뻗으며 온통 잔털이 덮여 있습니다. 원줄기는 원기둥꼴이며 밑부분에 붉은빛이 돌지요.

어긋나게 달리는 잎은 긴 타원형이며, 잎 길이는 6~10cm, 너비는 8~15mm의 크기입니다. 잎의 가장자리는 톱니가 없이 밋밋하며, 위에서 차츰 좁아져 원줄기에 달리는데, 잎자루는 없고 뒷면에 털이 있지요.

6~8월에 꽃이 피는데, 꽃대의 길이 4~7mm, 꽃지름의 크기는 7~12mm 되는 하얀 별 모양의 꽃이 원줄기 끝에 소복이 달리면 꽃이삭이 아래쪽으로 굽어 개꼬리나 여우꼬리 모양이 됩니다. 식물의 꽃이삭 중에서도 아주 독특한 모양이지요.

꽃이삭의 길이는 30cm나 되며, 꽃잎은 다섯이고 검은 자줏빛이 나는 꽃받침은 타원형입니다. 꽃은 꽃이삭 아래쪽부터 피기 시작합니다.

까치수영, 나는 한군데에 여러 포기가 집중적으로 자라므로 넓은 꽃밭을 이루지요. 벌과 나비가 나의 꽃을 좋아하여 많이 찾아오므로 특히 장관을 이룹니다.

9~10월에 익는 열매는 둥근 모양이며, 2.5mm의 크기입니다.

까치수영의 형제 중 큰까치수영은 관상용 화초로 알맞은 종류입니다. 전국 산과 들에서 자생하며 90cm쯤으로 자라고 6~8월에 꽃이 핍니다. 섬까치수영은 제주도 특산으로 산의 습지에서 자라며 높이는 60cm, 6~8월에 꽃이 핍니다. 진퍼리까치수영은 남부지방 들판의 습지에서 자라며 7~8월에 꽃을 피웁니다. 이 밖에 물까치수영, 갯까치수영, 홍도까치수영, 버들까치수영 등이 있습니다.

이 중 꽃모양이 좋은 까치수영, 큰까치수영, 진퍼리까치수영 등을 관광지의 길가에 심어 놓으면 사람들이 무척 좋아하지요.

나의 꽃말은 '어린이 마음(동심)'이지요.

앵초목 앵초과 | *Lysimachia barystachys* Bunge | 여러해살이풀 | 우리나라 전역에서 저절로 자란다 | 꽃 피는 때 : 6~8월
열매 익는 때 : 9~10월 | 쓰임새 : 관상용, 식용, 약용

땅에 붙은 꽃다지

나는 꽃다지입니다.
십자화과에 딸린 두해살이풀이지요. 나는 이른 봄 냉이와 같이 돋아나 나물 캐는 이들과 친해 왔습니다.
냉이와는 자라는 곳과 자라는 때, 꽃을 피우는 때, 꽃모양 등이 비슷하지요. 그러나 꽃 빛깔이 아주 다릅니다. 냉이는 하얀 꽃, 나는 노랑꽃이니까요.

잡아 뜯어 꽃다지
쑥쑥 뽑아 나싱개(냉이)
바귀 바귀 씀바귀
이 개 저 개 지칭개

전래 동요의 '나물 노래'에는 나의 특징이 잘 나타납니다.
　　꽃다지, 나는 냉이나 지칭개처럼 쑥쑥 뽑을 수 없어요. 잎이 땅에 짝 붙어 있어, 잡아 뜯어야 캘 수 있는 나물입니다. 냉이와 섞여, 들이나 밭, 양지바른 곳에서 자랍니다.

내 키는 20cm쯤이며 몸 전체에 짧은 털이 빽빽이 나 있습니다. 줄기는 곧게 서며, 가지를 치기도 하지요.
잎은 뿌리에 딸린 잎과, 줄기에 딸린 잎이 있는데, 뿌리에 딸린 잎은 방석을 깔아놓은 듯이 땅에 붙어 있고, 주걱 모양의 긴 타원형입니다.
줄기에 딸린 잎은 어긋나고, 모양은 긴 타원인데 가장자리에 톱니가 나 있습니다. 길이는 1~3cm, 너비는 8~15mm쯤이지요.
4~6월에 노랑꽃이 줄기 끝에 수두룩 달립니다. 꽃받침은 넉 장인데, 타원형이며, 네 장의 꽃잎은 3mm쯤으로 작습니다. 암술은 한 개, 여섯 개의 수술 중 네 개는 길고 두 개는 짧지요.
열매는 7~8월에 익는데, 길이가 5~8mm쯤, 너비는 2mm쯤으로 아주 작습니다.
어렸을 때는 냉이와 함께 국거리로 쓰이고, 풀 전체가 한방에서 오줌을 걸러내는 약재로 쓰입니다.

양귀비목 십자화과 | *Draba nemorosa* var. *hebecarpa* Lindbl. | 두해살이풀 | 우리나라 전역에서 저절로 자란다 | 꽃 피는 때 : 4~6월
열매 익는 때 : 7~8월 | 쓰임새 : 식용, 약용

꿀이 많은 꿀풀

"야아, 꿀이 듬뿍 들어 있네!"
하고 꿀벌이 반기는 꽃이
있어요. 꿀풀꽃입니다.
"아, 달다, 달아!"
하고 꼬마들이 꽃을 떼어 꿀을 빨아먹기도
하지요.
나는 꿀풀입니다. 꽃 속에 꿀을 많이 지니고
있다 해서 지어준 이름입니다. 지방에 따라
'꿀방망' 또는 '꿀방망이'라 부르기도 하는
데, 꿀이 많은데다 꽃이삭이 방망이 같아서
생긴 이름이지요.
꿀풀과에 딸린 여러해살이풀인 나는 전국의
산과 들, 높은 데 낮은 곳을 가리지 않고 퍼
져 있습니다. 길가나 냇둑, 산지의 풀밭에서
자라는가 하면, 백두산 1,700m 지점에서도
볼 수 있답니다.
한곳에 한 포기씩 자라지 않고, 여러 포기가
모여서 작은 군락을 이루지요.
나의 키는 20~30cm쯤이며, 줄기와 잎 전
체에 흰 털이 납니다.
원줄기는 네모지고, 꽃이 진 다음 밑
에서 곁가지가 벋지요.
잎은 마주나며, 잎자루가 있고, 긴
타원꼴이면서 끝이 뾰족합니다.

5~7월에 붉은 자주색 꽃이 핍니
다. 꽃은 입술 모양이며, 꽃이삭의
길이는 3~8cm쯤 되는데 꽃이 빈
틈없이 매달립니다. 꽃받침은
7~10mm의 길이이며
뾰족하게 다섯 갈래로 갈라집
니다. 크고 작은 두 가지 꽃이 있는데 암술
과 수술을 갖춘 꽃은 크고, 수술만 있는 수
꽃은 작지요.
꽃이삭은 꽃이 핀 뒤, 여름 동안에는 말라서
검은색으로 변합니다. 이 때문에 하고초(夏枯
草)라고도 하는데 여름에 꽃이삭이 마르는
풀이라는 뜻입니다.
6월부터 열매가 여물며, 열매의 길이는
1.5mm 정도입니다. 누런 갈색을 띠지요.
어린 순과 잎은 나물로 먹고, 꽃에 꿀이 많
아서 벌에게 꿀을 대어 줍니다. 관상용으로
꽃밭에 가꾸기도 하지요. 한방에서는 위장
을 튼튼히 하고, 피를 맑게 하며, 오줌을 잘
걸러내게 하는 약재로 쓰입니다.
꽃빛깔에 따라 흰꿀풀, 붉은꿀풀로 나
눕니다.
꽃말은 '추억'이지요.

통화식물목 꿀풀과 | *Prunella vulgaris* var. *lilacina* Nakai | 여러해살이풀 | 우리나라 전역에서 저절로 자란다 | 꽃 피는 때 : 5~7월
열매 익는 때 : 6월 | 쓰임새 : 관상용, 약용

벌레잡이 선수

끈끈이주걱

"세상에, 벌레를 잡아먹는 풀이 있네!"
여러분은 나를 보고 놀랄 테지요. 풀잎이나 나뭇잎을 갉아먹는 곤충을 보아 온 사람이라면 벌레 잡는 풀을 보고 놀라지 않을 수 없지요.
나는 벌레잡이식물 끈끈이주걱입니다. 끈끈이귀개과에 딸린 여러해살이풀이지요.
우리나라 전역에 걸쳐 자라지만 특히 강원도, 경기도, 함경도에 많이 자랍니다.
물기가 있는 양지바른 땅을 좋아하지요.
내 키는 20cm쯤이며, 잎은 뿌리 가까이에서 옆으로 자랍니다.
잎 모양은 둥글고, 잎자루는 긴 것이 13cm나 되지요.
흰 꽃이 7월에 피며, 꽃잎이 다섯 장인데 다섯 갈래로 깊이 갈라집니다. 꽃자루는 6~30cm로 가늘고 길지요.
꽃받침이 다섯 개, 수술이 다섯 개, 두 갈래로 갈라진 암술이 세 개 있습니다.
열매는 9월에 익고, 4~5mm의 크기이지요.
잎 곁에 붉은 털이 빽빽이 나는데, 이 털에서 끈끈한 진이 나와 잎에 고입니다.
작은 곤충이 멋모르고 다가와 앉는데, 붙으면 다리를 뗄 수 없지요.
"살려 주세요!"
"안 돼. 넌 잡힌 거야!"
나는 천천히 잎과 털을 오므려 곤충을 바짝 죄어 버립니다. 붉은 털에는 건드릴수록 구부러지는 성질이 있거든요.
곤충의 딱딱한 부분까지 녹여서 몸속에 빨아들일 수 있는 까닭은 끈끈한 진이 사람의 소화액처럼 강한 산성이기 때문입니다.
"그럼, 너는 벌레만 잡아먹고 사니?"
아니죠, 나는 녹색식물입니다. 내 몸에는 초록빛 엽록소가 있습니다. 광합성으로 직접 양분을 만들고, 뿌리에서 보내 주기도 하고, 벌레를 녹여 양분을 빨아들이기도 하지요.
내 친구 벌레잡이식물에는 끈끈이귀개, 파리지옥, 벌레잡이 제비꽃, 벌레잡이 통풍 등 전 세계에 70여 종이 있는 것으로 밝혀졌습니다.

끈끈이귀개목 끈끈이귀개과 | *Drosera rotundifolia* L. | 여러해살이풀 | 우리나라 전역에서 저절로 자란다 | 꽃 피는 때 : 7월
열매 익는 때 : 9월 | 쓰임새 : 살충용, 교재용

봄나물이 되어 주는 냉이

냉이라면 이른 봄에 입맛을 돋우는 냉잇국이 생각나지요.
나는 냉이입니다. 십자화과에 딸린 두해살이풀이지요. 전 세계에 널리 자라는 풀이에요. 길가, 텃밭, 빈터, 논둑, 밭둑 등에서 자라면서 씨를 퍼뜨립니다.
봄이 되면 바구니를 끼고 나물을 캐러 다니는데, 봄에 일찍 돋는 대표적 나물이 냉이입니다.

동무들아 오너라 봄맞이 가자,
너도 나도 바구니 옆에 끼고서,
달래 냉이 씀바귀 나물 캐 오자.
종다리도 높이 떠 노래 부르네.
<김태오 노랫말, 박태현 곡, '봄맞이 가자' 일부>

내가 봄나물이 되는 때는 어린 냉이 때지요. 다 자란 냉이는 뿌리 근처에 돋아난 잎이 10cm쯤 되며, 잎이 땅에 퍼지고 날개 모양으로 갈라집니다. 잎은 어긋나며, 위로 올라갈수록 작아져서 잎자루가 없어집니다. 키는 10~50cm쯤이며 줄기에서 많은 가지를 냅니다.
4~6월에 줄기와 가지에서 하얗고 작은 꽃이 다닥다닥 피는데, 자세히 보면 매우 예쁜 모양이지만 꽃이 너무 작아서 화초가 되지 못했습니다.
기온이 따뜻한 다도해와 그 남쪽에서는 겨울 동안에도 꽃이 피지요.
타원형으로 된 네 개의 꽃받침은 길이가 1mm 정도로 작으며, 꽃잎은 거꾸로 세운 달걀 모양인데, 길이가 2~2.5mm쯤입니다.
7월에 맺는 열매는 거꾸로 된 삼각형 모양이며, 길이 6~7mm쯤 되는 씨주머니에 지름 1mm가 안 되는 작은 씨가 소복이 들어 있지요.
냉이, 나는 두해살이풀이므로 가을에 싹이 돋아 겨울을 나고 이듬해에 꽃을 피워 열매를 맺은 다음, 생명을 마칩니다.
번식력이 강해서 비워 둔 밭을 덮어 버려서 농부들이 짜증내는 풀이지만 구수한 냉잇국으로 어린이와 친해진 식물입니다.

양귀비목 십자화과 | *Capsella bursa-pastoris* (L.) Medicus | 두해살이풀 | 우리나라 전역에서 저절로 자란다 | 꽃 피는 때 : 4~6월
열매 익는 때 : 5~7월 | 쓰임새 : 식용, 약용

노루의 귀털 같은 노루귀

나는 노루귀입니다. 미나리아재비과에 딸린 여러해살이풀이지요. 우리나라 곳곳에서 자라는 식물이기도 합니다.

꽃받침과 꽃자루에 난 흰 털이 노루의 귀털 같다 하여 붙여진 이름입니다.

나는 깊은 숲 속 나무 밑에서 번식하지요. 이른 봄, 눈과 어둠을 뚫고 꽃자루가 잎보다 먼저 나와 꽃을 피웁니다.

꽃자루가 연약하지만, 동그란 접시 모양의 꽃은 지름이 1.5cm쯤 됩니다.

이른 봄, 가랑잎 사이로 노루귀꽃이 아침 햇살을 받으며 방긋 웃지요. 이때 노루의 귀털 같은 털이 아주 또렷합니다.

내 키는 10cm쯤이며, 땅속줄기는 옆으로 비스듬히 자라고 잔뿌리가 사방으로 퍼져 나갑니다.

잎은 모두 뿌리에서 돋는데, 긴 잎자루가 있지요. 심장 모양으로 생긴 잎 가장자리는 세 개로 갈라지고, 이른 봄 잎이 돋을 때는 돌돌 말립니다.

나, 노루귀 종류는 카멜레온처럼 꽃빛깔을 환경에 따라 달리하는 재주가 있습니다.

제주도와 전라도에 피는 노루귀는 흰색, 붉은 자주색 꽃이 섞여서 피지만, 붉은색 계통의 꽃이 많고, 경기도와 강원도 이북지방의 산지에 피는 것은 흰 꽃이 많습니다.

특히 흰 꽃을 피우는 노루귀는 태백산맥의 설악산, 금강산 등 응달진 벼랑에 군락을 이룹니다.

백두산 1,000m와 1,500m에서도 노루귀 군락이 발견되지요.

긴 털이 많이 난 꽃대 끝에 한 송이 꽃이 피는데, 꽃잎처럼 보이는 것이 실제는 꽃받침이며, 꽃잎은 없습니다.

노란색을 띤 수술과 암술은 수가 많으며, 열매는 6월에 익습니다.

노루귀, 나는 화초로 꽃밭에 가꾸기도 하고 약재로 쓰이기도 하지요. 독이 있으므로 함부로 먹어서는 안 됩니다.

섬노루귀, 새끼노루귀, 큰노루귀 등은 모두 노루귀의 식구입니다.

꽃이 예뻐서 관상용 식물이 될 수 있지요.

미나리아재비목 미나리아재비과 | *Hepatica asiatica* Nakai | 여러해살이풀 | 우리나라 전역에서 저절로 자란다 | 꽃 피는 때 : 4월
열매 익는 때 : 6월 | 쓰임새 : 관상용, 약용

무쳐 먹고, 끓여 먹는 달래

달래 먹고 달려가자.
수영 먹고 쉬어 가자.
찔레 먹고 질러 가자.
앵두 먹고 앵돌아져
복숭아 먹고 복을 받아
살구 먹고 살았네.

우리나라 전래 동요에도 등장하는 달래는 나물을 캐는 이들과 친한 봄나물입니다. 나물 중에서도 아주 값진 것이었지요. 냉이, 쑥, 고사리, 도라지와 함께 닷새에 한 번씩 장터에 내놓으면 가장 비싼 것이 달래였으니까요.

나는 달래입니다. 백합과에 딸린 여러해살이풀이지요. 전국 각지의 밭과 밭둑에서 다른 풀과 무리지어 자랍니다. 특히 묵혀 둔 밭을 좋아하지요. 고구려의 옛 땅 만주에 흔한 풀이기도 합니다.

햇볕만 잘 들면 땅을 가리지 않고 자라며, 추위를 잘 견딥니다. 번식력이 강한 것이 나의 자랑이기도 합니다.

잎이 1~3개 나온 달래는 연하여 양념에 무쳐 날로 먹고, 된장에 넣어 끓이고, 나물 무침에 곁들이고 해서 입맛을 돋우는 데는 그만이지요.

요즘은 온상 재배, 대량 생산으로 언제든지 시장에 나와 인기를 모으는 채소가 되었습니다.

땅속의 비늘줄기는 겉껍질이 두껍고, 자라면서 더 작은 새끼 뿌리를 2~6개 치지요. 이것이 한 포기씩 달래가 됩니다.

가늘고 긴 잎이 하나 아니면 두 장밖에 없으며 잎의 너비는 5mm, 길이는 10~20cm 쯤입니다.

꽃은 4월에 피고, 잎 사이에서 기다란 꽃줄기가 나오는데, 이때 꽃줄기를 합친 내 키는 20~30cm쯤 됩니다.

꽃줄기 끝에 여러 송이의 꽃이 매달립니다. 처음에는 붉은빛이 도는 흰색이었다가 차츰 자주색으로 바뀌며, 꽃잎은 여섯 장입니다.

5~6월에 열매가 익으면 둥근 열매 속에서 까만 씨가 떨어집니다.

비타민과 무기질이 풍부해서 몸을 튼튼하게 해 줍니다. 오줌을 걸러내고, 피를 잘 돌게 하는 약재로 쓰이기도 하지요.

백합목 백합과 | *Allium monanthum* Max. | 여러해살이풀 | 우리나라 전역에서 저절로 자란다 | 꽃 피는 때 : 4월 | 열매 익는 때 : 5~6월
쓰임새 : 식용, 약용

달빛 보고 꽃피우는 달맞이꽃

나는 달맞이꽃입니다.
달 뜨는 저녁에 달빛 같이 노란 꽃을 피웠다가 해 돋는 아침이면 시들지요. '달맞이꽃'이란, 달을 좋아하는 꽃이라 해서 지은 이름입니다. '월견초(月見草)'라는 이름으로도 불리는데 같은 뜻입니다.
나는 남아메리카 칠레 원산이지만 우리나라 곳곳에서 자랍니다. 바늘꽃과에 딸린 두해살이풀이지요.
특별히 꽃밭에 심지 않아도 길가, 언덕, 빈터에 흩어져 번식을 합니다.
달맞이하는 언덕에 핀 꽃을 보고 사람들은,
"달맞이 언덕에 달맞이꽃이 피었네."
하고 달을 쳐다봅니다. 그러고는 이 꽃이 얼마나 달빛을 좋아하는가를 생각하지요.
내 키는 1m쯤이며, 굵고 곧은 뿌리가 있습니다. 줄기에서도 잎이 나지만 뿌리에서도 잎이 납니다.
가을에 씨가 떨어지면 씨에서 싹이 나고 뿌리에서 나온 잎이 방석처럼 땅을 덮습니다. 눈이 내린 추위에도 뿌리 가까운 잎 부분이 붉그레한 빛깔을 띤 채 겨울을 납니다.
이듬해 봄이 되면 뿌리에서 줄기가 곧게 자라고, 줄기에서 잎이 나는데, 줄기에서 나는 잎은 톱니가 있고, 잎자루가 짧지요. 꽃은 꽃자루 없이 잎겨드랑이에 한 송이씩 달리며 꽃잎과 꽃받침이 네 장씩입니다. 수술은 여덟 개, 암술은 한 개입니다.
6~9월이면 밝고 노란 빛깔의 꽃이 아래쪽부터 피기 시작합니다. 어둡기 시작할 때 피고, 아침 햇살이 비치면 곧 시들어서 낮에 활짝 핀 꽃을 보기는 어렵지요.
9~10월에 열매가 익는데 열매는 2~3cm 길이이며, 다 익은 열매는 네 갈래로 갈라지면서 검은 씨앗이 쏟아집니다. 한 포기에서 쏟아지는 씨가 아주 많아서 나의 번식력을 가늠할 수 있지요.
옛날, 인디오 마을에 '로즈'라는 예쁜 아가씨가 있었는데 추장의 둘째아들을 마음에 두고, 달을 좋아하면서 살았습니다. 그런데 그 사랑을 이루지 못하고 로즈 아가씨는 규칙을 어겼다는 죄로 귀신의 골짜기로 추방을 당했습니다.
이를 안 추장의 둘째아들이 귀신의 골짜기로 달려갔더니, 로즈의 영혼이 달빛을 띤 달맞이꽃이 되어 피어 있었습니다.
로즈가 두 해 동안 추장의 아들을 사랑하여 꽃의 생명이 두해살이라 합니다.

꽃말은 '기다림'입니다.

봄에 나오는 잎

도금양목 바늘꽃과 | *Oenothera biennis* L. | 두해살이풀 | 원산지는 칠레. 우리나라 전역에서 심어 가꾼다 | 꽃 피는 때 : 6~9월
열매 익는 때 : 9~10월 | 쓰임새 : 사료용, 약용

하늘빛 꽃이 피는 닭의장풀

나는 닭의장풀입니다.
닭의장풀과에 딸린 한해살이풀이지요. 내 이름은 시골의 닭장 가까이에서 잘 자란다 하여 붙여진 것입니다. '닭의꼬꼬'라고도 하지만 '달개비'라는 이름으로 많이 알려졌지요. 나는 시골의 논밭둑, 냇가, 길가, 풀밭 등 아무데서나 잘 자라고, 특히 습기가 있는 땅을 좋아합니다.
키는 15~50cm이며 줄기가 비스듬히 자라면서 땅위를 기는 듯이 보이고, 굵은 마디가 있습니다. 마디에서 뿌리가 돋아나고, 많은 가지를 냅니다.
잎은 어긋나며 끝이 뾰족하고, 길이는 5~7cm, 나비는 1~2.5cm쯤 되지요. 줄기에 닿은 잎의 아래 부분에는 반투명의 잎집이 있습니다.
7~8월에 꽃이 피는데, 짙은 하늘색으로 사람들 눈길을 끌지요. 꽃은 잎겨드랑이에서 나온 꽃줄기 끝에서 꽃덮이로 싸여 있습니다.
꽃덮이와 하늘빛 꽃이 재미있게 어우러진 모양은 다른 꽃에 비해 아주 색다르게 보입니다.
여섯 개의 수술 중 네 개는 꽃밥이 없고, 암술은 하나입니다.
9~10월에 타원형의 열매가 익는데, 열매가 마르면 셋으로 갈라지면서 씨가 떨어집니다.
닭의장풀은 번식력이 대단히 강해서 뽑아도 뽑아도 다시 나며, 줄기를 잘라서 던져 두면 줄기 마디에서 뿌리가 생겨 살아납니다.
보드라운 잎은 나물로 먹기도 하지만, 치질과 종기에 약으로 쓰기도 하지요. 옛적에는 즙을 짜서 비단에 남색 물을 들이는 염료로 쓰기도 했답니다. 그러나 지금은 집짐승의 사료나 퇴비로 쓰고 있지요.
나에게는 애기달개비, 가는잎달개비, 덩굴달개비 등 종류가 다른 형제가 있습니다.
원예종으로 들여와 화초로 가꾸는 닭의장풀도 있지요. 자주닭개비(양달개비)는 미국 원산이고, 흰얼룩달개비는 남아메리카 원산입니다.

닭의장풀목 닭의장풀과 | *Commelina communis* L. | 한해살이풀 | 우리나라 전역에서 저절로 자란다 | 꽃 피는 때 : 7~8월
열매 익는 때 : 9~10월 | 쓰임새 : 관상용, 식용, 약용

갓털에 가시가 달린

도깨비바늘

나는 도깨비바늘입니다. 국화과에 딸린 한해살이풀이지요. 햇볕이 잘 들고 물기가 있는 산과 들 빈터에서 잘 자랍니다.
나의 키는 25~85cm쯤 되며 줄기는 네모지고 털이 거의 나지 않습니다.
잎은 마주나고, 깃꼴로 두 번 깊이 갈라지고, 앞뒤에 털이 약간 나지요. 위로 올라갈수록 잎이 작아지는데, 잎자루의 길이는 3.5~5cm쯤이며, 잎은 11~19cm의 길이입니다.
줄기와 가지 끝에 지름 0.6~1cm 크기의 노랗고 예쁜 꽃이 한 이삭씩 달립니다.
꽃의 배열은 국화과 식물의 특성인 두상꽃차례입니다.
열매는 9~10월에 익으며 길이 12~18mm 되는 열매에는 서너 개의 모서리가 있고, 열매 머리 쪽에 서너 개의 갓털이 달려 있습니다. 갓털이란 열매의 맨 끝에 솜털처럼 달려 있는 털을 말하지요. 도깨비바늘의 갓털에는 거꾸로 된 가시가 있습니다.
도깨비바늘 씨가 사람의 옷이나 물체에 잘 달라붙을 수 있는 것은 갓털의 가시가 갈고리가 돼 주기 때문입니다.
"이크, 도깨비바늘이다! 옷소매에, 등에 잔뜩 달라붙었어!"
들놀이 갔던 어린이들이 옷에 붙은 도깨비바늘 씨를 보고 깜짝 놀랍니다.
"어떻게 몰래 붙어 다니지? 도깨비의 요술 바늘인가 봐"
이러다가 도깨비바늘이라는 이름이 지어졌을 테지요.
도깨비바늘이나 도꼬마리 씨가 사람에게 달라붙는 것은 씨를 멀리 퍼뜨리기 위한 수단입니다. 식물에게도 이런 슬기가 있지요.
도깨비바늘, 나는 우리나라 전역과 중국, 타이완, 일본, 인도, 말레이시아, 호주, 서부아시아, 아프리카 등 세계 여러 곳에 흩어져 자랍니다. 어느 나라 어디에서나 옷에 달라붙는 도깨비바늘 씨 때문에 어린이들이 놀라게 될 테지요.
식물 전체를 약으로 쓰는데, 피를 맑게 하고 독을 푸는 효능이 있다 합니다.

초롱꽃목 국화과 | *Bidens bipinnata* L. | 한해살이풀 | 우리나라 전역에서 저절로 자란다 | 꽃 피는 때 : 8~9월 | 열매 익는 때 : 9~10월
쓰임새 : 식용, 약용

옷에 붙어 다니는

도꼬마리

나는 도꼬마리입니다. 이름이 재미있지요. 여문 씨에는 갈고리 모양의 가시가 잔뜩 있어서 사람의 옷이나 동물의 털에 붙어 다닙니다. 이 때문에 도꼬마리, 내가 험상궂은 식물로 알려졌지만 씨를 멀리 퍼뜨리려는 수단일 뿐입니다. 고깝게만 보지 마세요.
국화과에 딸린 우리 도꼬마리가 사는 곳은 우리나라 전역입니다. 일본, 중국, 러시아에까지 우리 가족이 흩어져 살지요.

내 줄기는 옅은 녹색이며 털이 많이 나고, 군데군데에 검은 자줏빛 얼룩무늬가 있습니다.
1m가량의 키로 줄기에는 털이 많습니다. 넓적한 잎은 길이가 5~15cm쯤인데 줄기에 어긋나게 붙고, 잎자루가 길지요. 잎모양은 세모꼴이며, 세 갈래로 갈라지지요. 큰 잎맥이 세 개 있고, 가장자리에 톱니가 있습니다.
보통 꽃은 한 개의 꽃 속에 암술과 수술이 같이 있는데, 나는 별나게도 암꽃과 수꽃이 따로 있습니다. 이처

럼 같은 그루 안에 암꽃, 수꽃이 있는 식물을 '암수 한 그루'라 하지요.
8~9월에 노랑 빛깔을 띤 꽃을 피우는데, 줄기나 가지 끝에 암꽃과 수꽃이 각각 두상 꽃차례를 이루며, 수꽃은 위쪽, 암꽃은 아래쪽에 자리를 잡습니다. 암꽃에는 암술과 가시가 두 개씩입니다.
꽃이 지고 10월에 1cm 크기의 열매를 맺으면 열매 모양이 점점 타원꼴로 변합니다.
"이봐, 날 좀 데리고 가!"
하고 내 열매가 사람의 옷이나 동물의 털에 잘 붙는 까닭은 씨의 몸에 가시가 많기 때문입니다. 강아지들이 어울려 풀밭에서 장난을 치다가 머리나 등에 도꼬마리 씨를 붙여 오기도 하지요.
내 열매와 잎은 예부터 약재로 쓰여 왔습니다. 도꼬마리 생즙은 눈과 귀를 밝게 하는 데 특별한 효과가 있다 합니다. 사과나 당근, 생강을 섞어서 즙을 내어 먹으면 더욱 몸에 좋답니다.

초롱꽃목 국화과 | *Xanthium strumarium* L. | 한해살이풀 | 우리나라 전역에서 저절로 자란다 | 꽃 피는 때 : 8~9월 | 열매 익는 때 : 10월
쓰임새 : 약용

조상들과 친해 온 야생화

도라지

나는 도라지입니다.
초롱꽃과에 딸린 여러해살이풀이지요.

도라지 도라지 백도라지
심심 산천에 백도라지
한두 뿌리만 캐어도
대바구니에 하나 가득 되었네.

우리나라의 대표 민요에 도라지가 등장하는 것만 보아도 내가 오래도록 한국의 산천에 피어서 사람들과 친해 왔음을 알 수 있지요. 나는 우리나라 전역에 저절로 자라는 토박이 들꽃이며 야생 식물입니다.

줄기는 곧게 자라며, 자르면 흰 즙이 나옵니다. 땅속의 덩이뿌리는 살과 즙이 많고 자랄수록 굵어집니다.

뿌리를 반찬으로, 맛있는 나물로 귀중하게 여겨 왔습니다. 고사리와 함께 제사상에 오르는 것만 보아도 알 수 있지요.

가늘게 쪼갠 뿌리를 소금물에 담가 쓴맛을 뺀 다음, 무쳐 먹기도 하고, 고기와 함께 산적을 만들거나, 기름을 넣어서 볶아 먹기도 하지요. 그 밖에도 여러 반찬에 쓰입니다.

내 키는 0.4~1mm쯤이며, 잎은 어긋나고, 잎자루가 없으며, 긴 타원꼴의 잎 가장자리에는 톱니가 나 있습니다. 잎의 앞면은 녹색이지만, 뒷면은 흰색을 띤 녹색입니다. 꽃받침은 다섯 갈래로 갈라지며 암술은 한 개, 수술은 다섯 개입니다.

7~9월에 예쁜 꽃을 피우는데, 원줄기 끝에 보라색 꽃이 한 송이나, 여러 송이 달립니다. 꽃은 꽃잎이 서로 붙어서 통꽃을 이루고, 끝이 크게 벌어지면서 다섯 갈래로 갈라집니다.

9~10월에 열매가 익고 씨가 떨어집니다. 흰 꽃이 피는 것은 백도라지, 겹꽃이 피는 것을 겹도라지라 하지요.

주요 성분인 사포닌은 기관지의 가래를 없애는 데 특효약이 됩니다. 그 밖에 여러 약재로도 쓰이지요.

도라지라는 아가씨가 멀리 떠난 오빠를 그리다가 죽어서 도라지꽃이 되었다는 슬픈 이야기가 전해져 옵니다.

꽃말은 '영원한 사랑'이며, 관상용으로도 많이 가꿉니다.

초롱꽃목 초롱꽃과 | *Platycodon grandiflorum* (Jacq.) A. DC. | 여러해살이풀 | 우리나라 전역에서 저절로 자란다 | 꽃 피는 때 : 7~9월
열매 익는 때 : 9~10월 | 쓰임새 : 식용, 약용

생명력이 강한
돌나물

나는 돌나물입니다. 돌나물과에 딸린 여러해살이풀이지요. 돌나물인 나는 산과 들, 어디에서나 물기가 있고 햇볕이 드는 곳이면 잘 자라죠.
나는 선인장처럼 몸 안에 많은 물기를 지니고 있어요. 저장해 둔 이것이 필요할 때 조금씩 내 몸을 위해서 쓰지요. 그래서 아무리 심한 가뭄이나 메마른 땅에서도 오래 견딜 수 있어요.
내 줄기를 아무데나 잘라서 심어 보세요. 마디에서 곧 뿌리를 내어 자라지요.
"생명력이 강한 식물이네."
사람들은 놀라고 말 거예요. 나의 줄기는 위로 뻗기도 하지만 땅위로 가지를 치면서 기어가듯이 자라요. 마디마다 뿌리가 나지요.
짙은 녹색인 잎은 잎줄기가 없고 잎이 세 개씩 돌려나 있어요. 잎모양은 타원형 또는 피침꼴이며 가장자리는 밋밋하지요.
꽃의 배열은 꽃대 끝에 꽃이 피고, 그 아래 가지 끝에 꽃이 피는 취산꽃차례이에요. 나는 5~6월쯤에 별 모양의 노랑꽃을 피우지요. 별 모양의 꽃은 6mm에서 1cm쯤으로 아주 쬐그맣지요. 꽃잎이 5장, 꽃받침이 5장이에요. 그리고 꽃에는 수술이 10개 있는데 꽃잎과 거의 같은 길이에요.
나는 8월쯤에 쬐그만 열매들을 익혀요. 작약의 열매처럼 여러 개 씨방으로 나뉘어져 익는 골돌과(骨突果)예요. 다 익은 열매는 비스듬히 벌어져, 그 안에서 씨를 떨어뜨리지요.

돌나물, 나를 화분이나 꽃밭 가에 심어 보세요. 특히 정원을 꾸밀 때는 돌틈에다 심어요. 그런데 뿌리를 잘 뻗을까?
그런 걱정 마세요. 나는 돌틈에서 뿌리를 뻗어 온통 초록 돌담을 만들 수 있어요.
할머니를 졸라서 할머니 어렸을 적, 나물 캐러 다니면서 부르던 '나물 노래'를 들어 보세요. 재미있고 즐거운 전래 동요예요.
옛날에는 '돌라물', '돈나물'이라 했대요.

한 푼 두 푼 돈나물(돌나물)
쑥쑥 뽑아 나싱개(냉이)
이 개 저 개 지칭개
잡아 뜯어 꽃다지
길에 가면 길경이(질경이)
골에 가면 고사리

전래 동요에 등장하는 것만 보아도 옛날부터 사람들이 돌나물을 즐겨 왔음을 알 수 있지요.
돌나물, 나는 입맛 돋구는 나물 반찬으로 밥상에 오르죠. 날것에 양념 간장 놓아서 밥 비벼 먹어도 맛이 좋고요, '돌나물김치'를 담그면 정말 맛있어요.
나는 우리나라 전역에서 자라는 들꽃이에요. 생명력이 강한 것, 나물로, 김치로 사람의 입맛을 돋우는 것이 돌나물 나의 자랑이에요.
냠냠 냠냠, 돌나물!

장미목 돌나물과 | *Sedum sarmentosum* Bunge | 여러해살이풀 | 우리나라 전역에서 저절로 자란다 | 꽃 피는 때 : 5~6월
열매 익는 때 : 8월 | 쓰임새 : 관상용, 식용, 약용

동자 같이 예쁜
동자꽃

나는 동자꽃입니다. 석죽과에 딸린 여러해살이풀이지요. 한국 야생화로 전국의 높은 산 깊은 골짜기의 숲 속이나 물기 있는 풀밭에서 자랍니다. 춥고 그늘진 곳에서는 잘 견디지만 메마른 땅을 싫어하지요.

종류에 따라 조금 차이는 있지만 키는 0.3~1mm쯤이며, 줄기에 긴 털이 납니다.

잎은 마주나고, 잎자루는 없으며, 잎모양은 긴 타원형이며 양끝이 좁고 가장자리는 밋밋합니다. 잎의 길이는 5~8cm쯤입니다.

7~8월경에 꽃을 피우는데, 종류에 따라 빨강, 주황, 하양 등으로 꽃빛깔이 다릅니다.

꽃지름은 4cm쯤이며, 꽃자루는 짧고, 꽃자루 끝에 예쁜 꽃이 하나씩 달리지요.

꽃받침은 긴 통 같이 생겼는데, 끝이 다섯 개로 갈라집니다. 꽃잎은 다섯 장이며, 윗부분이 수평으로 퍼지면서 두 개로 갈라지고 꽃잎 가장자리에 톱니가 있습니다.

언뜻 보기에는 통꽃처럼 보이지만 꽃잎이 나뉜 갈래꽃입니다. 수술은 열 개이고 암술은 다섯 개이지요.

9월에 꽃받침통에서 열매가 익는데, 씨는 긴 타원형이며 갈색입니다.

나, 동자꽃에는 가는동자꽃, 제비동자꽃 등 갈래가 많지요.

원래는 야생화였지만 화초로도 재배하게 되었습니다.

동자(童子)는 어린이의 옛말입니다. 동자꽃이란 어린이처럼 예쁘기 때문에 붙여진 이름입니다.

옛날, 어느 산중 작은 암자에 스님이 어린 동자승과 같이 살았습니다.

추운 겨울 어느 날, 스님이 동자승을 남겨 두고 먼 마을로 내려갔습니다.

그날부터 눈이 내려 스님이 돌아오지 못하자, 동자승은 추위에 떨며 굶주리다가 가엾게도 숨을 거두었습니다.

그 동자승의 무덤에서 피어난 꽃이 동자꽃이랍니다.

중심자목 석죽과 | *Lychnis cognata* Max. | 여러해살이풀 | 우리나라 전역에서 저절로 자란다 | 꽃 피는 때 : 7~8월 | 열매 익는 때 : 9월
쓰임새 : 관상용

방울 같은 꽃을 다는 둥굴레

나는 둥굴레입니다. 이름이 재미있지요. 백합과에 딸린 여러해살이풀입니다.
화초보다는 약초로 더 많이 알려진 식물이지요. 옛적부터 잎을 나물로 먹고 볶아먹기도 했습니다.
땅속줄기는 사람의 기운을 돋우어 폐렴, 당뇨병 등을 치료하는 약재로 써 왔는데, 요즘은 차의 원료가 되고 있습니다. 둥굴레차는 땅속줄기를 달인 것입니다.
나는 우리나라 전 지역의 산지에 자라는 야생초인데, 줄기와 꽃모양이 재미있어서 꽃밭에 화초로 가꾸게 되었습니다. 화분에 심어 집 안을 꾸미기도 하지요.
내가 자라는 곳은 높은 산의 숲 그늘이나 풀밭입니다. 양지보다는 음지를 좋아합니다. 백두산 1,000m의 높은 지대에서도 볼 수 있대요.
키는 30~40cm 정도이며, 줄기는 모가 나 있고, 땅에서 비스듬히 뻗습니다.
잎자루가 없는 잎은 어긋나고, 5~8cm의 길이이며, 긴 타원형입니다.
땅속을 옆으로 뻗는 땅속줄기는 굵고, 많은 양분을 저장하지요. 여기서 가는 수염뿌리가 나서 땅위의 줄기가 버틸 수 있게 합니다.
땅속줄기는 단맛이 나며, 살과 즙이 많고, 녹말이 있습니다. 그래서 약재로 쓰는 외에 산골 어린이의 군음식이 되어 왔습니다. 밥 위에 놓아서 쪄 먹기도 하고, 구워 먹기도 합니다.
옛날에 흉년이 들면 대용식품이 되기도 했습니다.
나는 6~7월에 길이 1.5~2cm 되는 작은 방울 모양의 꽃을 피웁니다. 비스듬히 뻗은 줄기의 잎겨드랑이마다 두 송이씩 짝지은 하얀 꽃이 조로록 달립니다. 그 모양은 여간 아름다운 것이 아니지요. 여러 포기의 꽃이 한데 어울리면 더욱 볼 만합니다.
9~10월에는 꽃이 진 자리에서 지름 1cm쯤 되는 까만 구슬 같은 열매가 열립니다.
산둥굴레, 용둥굴레, 맥도둥굴레, 왕둥굴레, 각시둥굴레, 무늬둥굴레 등 종류가 많지요.

꽃말은 '장수(長壽)', '오래 삶'을 뜻합니다.

열매

백합목 백합과 | *Polygonatum odoratum* var. *pluriflorum* Ohwi | 여러해살이풀 | 우리나라 전역에서 저절로 자란다
꽃 피는 때 : 6~7월 | 열매 익는 때 : 9~10월 | 쓰임새 : 관상용, 식용

물 위에 떠서 사는 마름

나는 마름이라는 물풀입니다. 마름과에 딸린 한해살이풀이지요. 연못이나 저수지, 물웅덩이가 우리 마름이 모여 사는 곳입니다. 뿌리를 진흙 속에 박고 물 위에 둥실 떠서 물을 따라 흔들리기도 하지요. 물 밑 땅에서 뻗은 가늘고 긴 연한 줄기가 잎을 물 위에 띄워 줍니다.

부레옥잠과 비슷한 생태라 생각할 테지만, 뿌리가 줄기를 잡고 있어서 부레옥잠처럼 마음대로 멀리 떠다니지는 못하지요.

물 위에 뜬 원줄기의 윗부분에서 여러 개의 잎이 다닥다닥 뭉쳐서 나고, 잎자루에는 물고기의 부레처럼 부푼 공기주머니가 있어서 물 위에 쉽게 뜨도록 도와줍니다. 그러나 부레옥잠의 공기주머니만치 크지는 않지요.

잎모양은 마름모에 가까운 삼각형이며 가장자리에 잔 톱니가 납니다.

물속 원줄기의 마디에서는 깃 같은 잔뿌리가 내립니다.

7~8월에 희거나 붉은빛이 도는 작은 꽃이 잎겨드랑이 사이에서 피는데 꽃지름이 1cm쯤으로 작으며 꽃잎이 네 장입니다.

꽃잎은 짧고 위를 향하지만 열매가 커짐에 따라 아래쪽으로 굽지요.

열매는 딱딱하고 삼각형을 거꾸로 놓은 모양인데, 양끝에 꽃받침 조각이 변한 가시가 있고, 가운데가 볼록합니다. 하나의 열매에 한 개씩 씨가 들어 있는데 씨를 먹기도 하지요.

마름의 열매는 민간요법에서 독을 없애는 데 써 왔고, 위암을 치료하는 데도 효과가 있다 합니다. 잎은 어린이들 머리가 헐었을 때 약으로 쓰이고, 열매 껍질은 이질과 설사에, 줄기는 위궤양 치료에 쓰입니다.

열매

도금양목 마름과 | *Trapa japonica* Flerov. | 한해살이물풀 | 우리나라 전역에서 저절로 자란다 | 꽃 피는 때 : 7~8월 | 열매 익는 때 : 9~10월
쓰임새 : 식용, 약용

겨울에도 푸른 맥문동

나는 맥문동입니다. 백합과에 딸린 늘푸른 여러해살이풀이지요. 우리나라 중부 이남의 숲 속 나무 그늘에 절로 나며 약재로 가꾸기도 합니다.

땅속에 있는 뿌리줄기에서 잎이 돋아나 포기를 이루지요. 땅속줄기는 굵고 짧으며 옆으로 뻗지 않습니다. 땅속줄기 밑에서 희고 굵은 뿌리가 나고, 길게 뻗으면서 수염뿌리를 내립니다.

수염뿌리 끝이 점점 굵어지다가 땅콩처럼 흰 덩이가 생깁니다. 이것을 덩이뿌리라 하는데 양분이 저장되어 있습니다.

잎은 땅속줄기에서 여러 장이 한꺼번에 모여나고, 길이가 30~50cm쯤 되며, 너비가 8~12mm쯤으로 조빗하고 길지요. 아래쪽이 가늘어서 잎자루처럼 되어 있고, 잎맥이 11~15개 있으며, 밑부분이 서로 얼싸서 잎집처럼 되어 있습니다.

꽃줄기는 길이 8~12cm로 곧게 서고, 5~8월에 자줏빛 꽃이 총상꽃차례로 달립니다.

꽃이삭의 길이는 8~12cm에 이릅니다. 총상꽃차례는 긴 꽃대에 꽃꼭지가 있는 여러 개의 꽃이 어긋나게 붙어서 아래쪽에서부터 피기 시작하는 꽃의 배열을 말합니다.

꽃덮이의 조각은 여섯 장으로 되어 있고, 꽃 빛깔은 옅은 자주색이며, 수술이 한 개, 암술이 한 개입니다.

열매는 10~11월에 익는데 얇은 껍질이 일찍 벗겨지면서 검은 씨앗이 드러납니다.

맥문동, 나는 겨울에도 잎이 푸르고, 꽃이 핀 모습과 열매가 아름다워, 많은 집에서 꽃밭에 심어 가꾸게 되었습니다. 특히 그늘에서 잘 자라므로 도시의 건물 옆이나 나무 아래에 심어 가꾸면 푸른 도시를 만드는 데 도움이 되지요.

나의 덩이뿌리는 장과 심장을 튼튼히 하고, 가래를 없애는 약으로 씁니다. 맥문동 덩이뿌리를 소주에 담가 두 달을 봉해 두면 맥주 빛깔의 술이 됩니다. 건강을 돕는 이 술을 맥문동주라 하지요.

맥문동 덩이뿌리와 인삼 등 다른 약재를 넣어서 달인 '맥문동탕'은 한의학에서 기관지염, 폐렴을 앓고 난 환자에게 가래와 기침을 없애는 약으로 씁니다.

백합목 백합과 | *Liriope platyphylla Wang* et Tang | 늘푸른 여러해살이풀 | 우리나라 중부 이남에서 저절로 자란다
꽃 피는 때 : 5~8월 | 열매 익는 때 : 10~11월 | 쓰임새 : 관상용, 약용

잎자루가 나물이 되는 머위

나는 머위입니다. 국화과에 딸린 여러해살이풀이지요. 습기가 있는 산자락이나 물가에 절로 자라는데, 특히 제주도와 남부지방에서 흔하게 자라며, 중부지방에서도 봄이 되면 겨울을 난 땅속줄기에서 잎이 돋아납니다.

나는 줄기가 없고 땅속줄기가 옆으로 뻗으며, 땅위로 잎을 내어 포기를 늘입니다. 그래서 하나의 무리가 되어 살지요. 이른 봄, 잎보다 꽃줄기가 먼저 나와 높이 자란 다음, 잎이 올라와 땅을 덮으며 무성하게 자랍니다.

잎은 어긋나고, 잎자루의 길이가 60cm쯤 됩니다. 잎지름은 15~30cm 크기로 호박잎을 닮은 신장꼴이며, 가장자리에 고르지 않은 톱니가 나 있고, 잎 전체에 꼬부라진 털이 있습니다.

중부지방에서는 꽃이 3~4월에 피지만 남부지방의 섬에서는 그 전해의 11~12월에 피지요. 북쪽으로 갈수록 꽃피는 시기가 점점 늦어집니다.

꽃은 연두색이며 아주 작은 꽃이 여러 송이 모여 두상꽃차례를 이루고, 두상꽃차례가 여러 개 모여 큼직한 산방꽃차례를 만듭니다. 산방꽃차례란 아래쪽 꽃일수록 꽃자루가 길고, 위쪽의 꽃일수록 꽃자루가 짧아서 여러 개 꽃이 거의 평면으로 가지런히 놓이는 꽃의 배열을 말합니다.

이들 산방꽃차례의 꽃이삭을, 여러 개의 포엽이 세 겹으로 둘러싸고 있지요. 포엽이란 꽃을 싸서 보호하는 작은 잎을 말합니다.

암꽃과 수꽃이 같은 그루에 피는데, 암꽃이 흰색을 띠고, 수꽃은 노란색을 띱니다. 암꽃이삭은 꽃이 진 다음 30cm쯤 자라며 모두 갓털이 있습니다.

열매는 전체가 한 개의 씨처럼 보이는 수과이며, 길이 3.5mm가량의 원통꼴인데 털이 없습니다.

잎자루는 삶아서 물에 담가 아린 맛을 우려낸 다음 껍질을 벗기고 양념에 묻혀 나물로 먹지요. 잎은 나물로, 볶음으로, 장아찌로, 조림으로 쓰입니다. 땅속줄기는 독을 없애는 데에, 꽃이삭은 기침을 멎게 하는 데에 약재로 쓰지요.

초롱꽃목 국화과 | *Petasites japonicus* (S. et Z.) Max. | 여러해살이풀 | 우리나라 전역에서 저절로 자란다 | 꽃 피는 때 : 3~4월
열매 익는 때 : 6월 | 쓰임새 : 식용, 약용

나팔꽃의 사촌인 메꽃

나는 나팔꽃의 사촌 메꽃입니다.
메꽃과에 딸린 여러해살이 덩굴풀이지요.
우리나라 들판 어디에서나 볼 수 있는 꽃이며, 텃밭 울타리 밑, 빈터에 많이 자라고, 보리밭 잡초로 농부들을 성가시게 합니다.

전국의 들과 낮은 산에서 자라는데, 휴전선 근처 인적이 드문 곳에서는 군락을 이루고 있습니다. 백두산 낮은 지대와 고구려의 옛 땅 만주지방에서도 야생화로 자란다 합니다.

하얀 땅속줄기가 사방으로 길게 뻗으면서 군데군데 덩굴줄기를 내는데, 덩굴은 2m쯤까지 땅위로 뻗으면서 덩굴끼리 서로 엉킵니다.

메꽃의 땅속줄기는 굵은 것이 연필 굵기 정도인데, 보릿고개라는 어려움이 있던 옛날에는 짓는 밥 위에 놓아, 쪄 먹기도 하고, 밥에도 섞어 먹었습니다.

어린이 간식으로도 먹었는데, 팍신하고 달착지근하면서도 아린 맛이 났지만 가난한 그 시대 어린이는 아린 맛을 참고 즐겨 먹었답니다.

보리를 베고 모내기를 하려고 갈아엎은 논에서 어린이가 그릇을 들고 나와 메꽃 땅속줄기를 줍는 광경을 흔히 볼 수 있었지요.

내 잎은 어긋나고, 잎자루는 길며, 모양은 긴 타원형인데, 잎은 길이 5~6cm, 너비는 2~7cm쯤입니다.

6~8월경, 한여름에 꽃을 피웁니다. 나팔꽃과 사촌간이라지만 꽃을 피우는 시간은 나팔꽃과 다릅니다. 아침에 꽃이 맺어 한낮을 견디고 오므라드니까요.

잎겨드랑이에서 기다란 꽃자루가 나와 그 끝에 한 개씩 연분홍꽃을 다는데, 꽃지름이 5cm쯤이고, 깔때기 모양입니다. 나팔꽃을 닮았지만 꽃이 작지요.

꽃받침 밑에 두 개의 꽃턱잎이 있고 꽃받침은 다섯 개로 갈라집니다.

암술은 하나, 수술은 다섯입니다.

9~10월에 열매가 열리지만 흔히 열매를 맺지 못합니다.

한방에서는 오줌을 걸러내는 약재로 쓰기도 합니다.

꽃말은 '새아씨', '수줍음' 입니다.

통화식물목 메꽃과 | *Calystegia japonica* (Thunb.) Choisy | 여러해살이풀 | 우리나라 전역에서 저절로 자란다 | 꽃 피는 때 : 6~8월
열매 익는 때 : 9~10월 | 쓰임새 : 식용, 약용

꽃잎이 없고 꽃받침만 있는 명아주

나는 명아주입니다. 명아주과에 딸린 한해살이풀이지요. 지방에 따라서는 '도토라지', 또는 '도투라지'라 부르기도 합니다. 우리 명아주가 퍼져 사는 곳은 우리나라 전역과 중국의 동북부, 일본 등입니다.

나의 키는 1m쯤이며, 줄기에 녹색의 줄이 있습니다. 줄기는 곧게 벋으면서 가지를 내고, 잎은 어긋나며, 세모꼴입니다.

어릴 때는 잎의 가운데 부분에 붉은빛이 돌다가 차츰 스러지며 잎 가장자리에 톱니가 있습니다. 어린잎에 붉은 부분이 나타나지 않는 종류를 흰명아주라 하지요.

꽃빛깔은 황록색으로 녹색이 섞인 노란빛이며, 하나의 꽃이삭에 여러 작은 꽃이 다닥다닥 매달리는데 이와 같은 꽃의 배열을 수상꽃차례라 합니다.

그러나 명아주의 꽃은 빈틈없이 붙은 꽃이 원뿔 모양을 이루고 있으므로 원뿔 모양의 꽃차례, 즉 원추꽃차례라 볼 수도 있지요.

작은 꽃에는 꽃잎이 없고, 다섯 갈래로 갈라진 꽃받침이 꽃을 둘러싸고 있으며, 하나의 꽃에는 다섯 개의 수술과 두 개의 암술대가 있습니다.

열매는 꽃받침으로 싸여 있는데, 얇고 마른 껍질 속에 검은 씨가 들어 있습니다.

어린 순은 데쳐서 나물로 먹고, 즙을 내어 일사병으로 기절을 했을 때나 독충에 물렸을 때 약으로 쓰지요.

줄기를 말리면 가벼우면서 나무처럼 단단하기 때문에 예부터 명아주 줄기로 만든 지팡이를 명물로 여겨 왔습니다.

우리나라에는 명아주의 친척인 명아주과 식물이 82종이나 있지요. 나의 친척은 어느 것이나 잎이 어긋나고, 꽃에는 꽃잎이 없고, 꽃받침 조각은 다섯 개이며, 꽃받침이 열매를 감싸는 것이 그 특징입니다.

뱀딸기

뱀기 사촌

꽃말은 '꽃놀이, 웃음'입니다.

뱀딸기는 양지바른 산기슭이나 들판에서 자랍니다.

줄기는 땅 위로 기어가며 뻗어 나가고, 마디에서 뿌리를 내려 번식합니다. 잎은 뿌리에서 뭉쳐나고, 잎자루가 길며 잎몸은 3개의 작은 잎으로 되어 있습니다. 작은 잎은 달걀 모양 또는 긴 타원형이며, 가장자리에 톱니가 있습니다.

4~5월에 노란 꽃이 잎겨드랑이에서 1개씩 피며, 지름이 1.5~2cm 정도입니다. 꽃받침 조각은 5개이고 끝이 갈라지며, 꽃잎도 5개입니다. 꽃잎 길이는 0.5~1cm이며 꽃받침보다 약간 짧습니다.

열매는 꽃받침이 붙어서 된 둥근 모양이며, 지름이 2~3cm쯤입니다. 붉은색이고, 딸기처럼 먹을 수 있는 열매는 없으며, 맛도 별로 없습니다.

뿌리와 잎을 약으로 쓰기도 합니다. 기침, 감기, 열내림 등에 사용되며, 해독 작용도 있다고 합니다.

뱀딸기와 비슷한 식물로는 딸기가 있는데, 딸기는 재배하는 과일이며 뱀딸기는 야생 식물입니다.

좀민들레 모힐과 | *Taraxacum mongolicum* H. Mazz. | 아시아 원산이며 | 우리나라 전역에서 자생로 자란다 | 꽃 피는 때 : 4~5월
열매 익는 때 : 7~8월 | 쓰임새 : 관상용, 약용, 식용

민들레

꿈이 숨어 불며 수가 되는 모든

앞에 아는 민들레 때문이 많은 수많은 꽃 들을 숨겨 놓고 있답니다. 하얀 씨에 달린 한 송이 민들레가 한 번 일어선 만 개도 넘는 꽃들을 숨겨놓고 있다니, 크게 생각하면 정말 놀라운 일입니다.

"그렇다면 꽃은 뭐, 대가 받아 정말 꽃이 되는 게 아닙니다. 나는 대를 불며 꽃이 됩니다."

그 들이 붙어서 만들어 꽃을 불꽃이라고 부릅니다. 민들레도 국화과에 속하는 식물로 불꽃을 피우지요.

더 꽃을 알아봅니다.

민들레는 국화과의 여러해살이풀입니다. 산과 들에 혼하게 자라지요. 줄기는 없고 뿌리에서 잎이 나와 퍼집니다. 잎 사이에서 가장자리가 새로 20~30cm쯤 길이의 가장자리가 새로 로 깊이 갈라집니다.

뿌리는 30cm쯤의 긴 뿌리를 땅속 깊
이 박고 있어서 메마른 땅에서도 잘 자
랍니다. 뿌리들을 끊고, '민들', '일찍', 강
즙 등에 쓸 수 있어요.

봄에는 뿌리에서 잎이 나와 땅 위로
붙어 있고, 잎자락에서 꽃대가 나와
20~30cm쯤 길이 자랍니다가 새로끝
에 꽃이 한 송이 달립니다.

3~4월에 줄기와에 꽃대가 올라와
4~5월에 꽃대 끝에 꽃이 피는데, 대
통 배열이 노란색으로 색깔하게 뭉치
듯이 달려 있답니다. 꽃이 피어나는
통꽃들이 많이 있어 수많이 꽃이 3.5~4.5cm쯤입니다.

꽃이 배열 끝마다 씨가 생겨 열매가
되는데, 5~6월이 지만 꽃이 지고 예개때기
들어가, 향하던 꽃송이 물이 둥글게 부풀어
올라 갓털이 달린 동그란 꽃을 피웁니다.
열매는 7~8월에 익어요.

민들레는 공원장에서 자라들이요, 여러
민들레, 가지민들레, 서양민들레 등 여
러 종류가 있답니다.

지기어 민들레가 아주 고생하기까
지 지기어 민들레가 아주 고생하기가
민들레와 서양민들레가 많이 피어요.
민들레와 서양민들레가 많이 피어요.

<강추국, '민들레', 일부담.>

노랑물봉선과 | *Impatiens textori* Miq. | 물봉선아이름 | 우리나라의 전역에서 자람로 자란다 | 꽃 피는 때 : 8~9월
열매 익는 때 : 10월 | 쓰임새 : 약용, 관상용

노랑물봉선

물봉선

봉숭아 사이에서 자라는 자라풀

물봉선은 양지바른 물가나 습한 곳에서 자라는 한해살이풀로 봉선화과에 속합니다. 줄기는 잎들이 어긋나게 달리며 잎자루가 있고 잎 가장자리에 톱니가 있습니다. 키는 60cm쯤 되고, 줄기는 곧게 자랍니다.

8~9월에 홍자색 꽃이 피는데, 윗부분에 달린 잎 아귀에서 꽃줄기가 나와 붉은색 꽃이 가지처럼 갈라져 핍니다.

꽃봉오리는 가지처럼 자라며, 꽃이 피면 3cm쯤 됩니다. 꽃부리는 또 자라면서 펼쳐지며, 꽃이 옆으로 피어 있습니다. 꽃은 다섯 개로 갈라지고, 수술은 다섯 개가 있는데, 열매가 기다랗고 씨가 많이 들어 있으며, 열매가 1~2cm쯤됩니다.

새 봉선화과에 속하는 식물이며, 나는 야생의 봉선화로 꽃잎이 매우 화려합니다.

제주봉선화는 꽃이 묽고 50cm쯤 자라고, 6~8월에 꽃이 피는데, 10월에 씨가 익어 새

로 씨앗됩니다.

노랑물봉선은 마주보기로 피는 꽃으로 아래에 있고, 꽃이 노랑 꽃을 피운다. 꽃이 필 때쯤

물봉선은 꽃잎을 파피는 동물이나 습지에서 자라는 마주잡기 등이 있습니다. 그래서 물봉선 이 모여 살면 봉선화의 잎 덕분에 이 다양한 곤충이 모여 꽃을 피우지요. 그래서 봉선은 마주잡기에도 자라나가, '봉선'이라는 꽃말이 있습니다.

물봉선은 마주잡기로 자라나며 꽃이 있어, 가을이 되면 꽃잎 나 꽃을 피우며 씨를 뿌립니다.

배불륨 매듭풀과 | *Scilla scilloides* (Lind.) Druce | 야생화향이름 | 우리나라 전역에서 자생로 자라다 | 꽃 피는 때 : 7~9월
열매 익는 때 : 9~10월 | 쓰임새 : 식용, 약용

무릇

물기슭에 피어 나는

무릇은 애잔합니다. 배경이라도 되는 양 산야에 기울거나 가장자리에 피는 풀꽃이지요. 양, 볕이 좋지 아무 곳이나 잘 자랍니다. 특히 조금 습하고, 양지바른 산이나 들판, 숲 가장자리, 바닷가에서도 자리를 지키지 않는 곳이 없지요.

마늘을 닮은 비늘줄기에서 꽃대가 올라옵니다. 양, 꽃대는 수염뿌리가 있고, 길이 2~3cm 정도의 달걀 모양의 비늘조각이 싸여 있습니다. 싱싱한 이삭들은 뼈처럼 하얀 비늘조각 아래 숨어서 때를 기다리지요.

비늘줄기는 옆쪽을 향해 여러 개의 수염뿌리를 내리고 꼭대기에서 새 꽃줄기가 나옵니다. 꽃 양 표가 바로 이 꽃줄기입니다. 꽃 줄기는 마치 지상과, 있는 표 꼭, 마디도 없이 그냥 우뚝 속구쳐 올라옵니다.

꽃이 특히 아름답습니다. 꽃은 보통 분홍색이고 드문드문 흰색 꽃이 피기도 합니다.

15~30cm쯤 됩니다.

어김없이 7~9월에 꽃이 피는데, 꽃자루가 길게 둥글둥글이 모여 20~50cm나 되는 꽃차례 폭에 여러 송이 꽃이 달려 있습니다. 꽃이 들린 부분의 길이가 4~7cm나 됩니다.

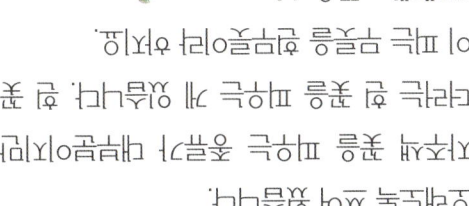

다음에 꽃 망울을 터뜨리는 것 이 피는 무릇은 흡족합니다. 자세히 꽃을 파다보기에는 대략이지만 꽃 진 다음에 꽃을 잘 들여다보는 게 어렵습니다. 그대로 꽃과 이파리를 꼼꼼이 보기에 때가 호보다 더 잘 자랍니다. 자라풀 노랑눈꽃 꿈꾸기풀 뭉툭한 꽃잎 뚜렷 확실한 듯 동, 무릇무릇 꽃들은 날씬히 꽃이지 말고 만망이 꽃잎 중류 꽃술들이 잘 보입니다.

대체로 여름 꽃인 무릇은 꽃이 달린 대가 나오기 전에 가는 풀잎 두 장이 자라면서 사람의 눈길을 먼저 이끌어 옵니다. 얼핏 길이가 4mm쯤이며, 여섯 열매가 열립니다. 이 열매는 9~10월에 익지요.

묻어 있습니다. 열매 씨앗이 까만 진줏같이 세 줄로 박혀 있고, 양물 꽃차례는 수북이 어우러져 꽃다발을 이루지요.

명아주과 | *Chenopodium album* var. *centrorubrum* Makino | 좀명아주비름 | 우리나라의 전역에서 자란다
꽃 피는 때 : 6~7월 | 열매 익는 때 : 8~9월 | 쓰임새 : 식용, 약용

초롱꽃목 국화과 | *Duchesnea chrysantha* (Zoll. et Morr.) Miq. | 여러해살이풀 | 우리나라 전역에서 저절로 자란다 | 꽃 피는 때 : 4~5월
열매 익는 때 : 6월 | 쓰임새 : 약용, 염료용

한국의 난초

보춘화

나는 보춘화입니다. 춘란이라는 이름으로도 불리지요. 봄에 피는 난초라는 뜻이에요. 난초과에 딸린 늘푸른 여러해살이풀이기도 합니다. 전국의 숲 속 그늘진 곳에서 자랍니다. 특히 남부지방, 그 중에서도 서해안에서 많이 자라지요.

우리나라에는 여러 자연생 난초가 있지만 나는 그 중에서도 대표적인 난초입니다. 추위 따위 아랑곳하지 않고, 겨울에도 푸르지요. 남부 서해안 지방에서는 추운 2월부터 향기 짙은 꽃을 피기 시작하여 4월까지 핍니다.

잎은 모여나고, 잎모양은 좁고 깁니다. 굵고 살과 즙이 많은 수염뿌리를 땅속에 뻗어 물을 빨아들이므로 가뭄에도 잘 견딥니다.

봄이 되면 꽃대가 얇고 투명한 막을 쓰고 올라옵니다. 자라면서 곧 얇은 막이 터지는데, 그 속에서 꽃잎이 세 갈래로 나오지요. 6~7월이 되면 꽃이 핀 자리에 타원형 열매가 열리는데, 이듬해 봄이 되어야 그것이 벌어져 아주 작은 씨가 땅에 떨어집니다.

사람들은 꽃을 보려고 나를 집 안에 심어 가꾸지만, 한방에서는 피를 맑게 하고 오줌을 잘 걸러내게 하는 약재로 쓰입니다.

봄에 꽃잎을 소금에 절여 두었다가 차를 끓여 마시기도 하는데 향기가 은은해서 옛 선비들이 즐겼습니다.

춘란 즉 보춘화, 나는 꽃대 하나에 한 송이 꽃을 달지만, 이와는 달리 여러 송이 꽃이 피는 야생 난초 종류도 있습니다. 우리나라에는 여러 야생 난초가 있는데 한란(寒蘭), 풍란(風蘭), 금란(金蘭), 새우란, 복주머니란(개불알꽃), 방울새란, 타래난초, 닭의난초, 잠자리난초, 옥잠난초 등입니다.

최근에는 야생 난초를 대량으로 재배하면서 품종을 개량하고 있습니다. 개량종의 수가 많아서 이름을 댈 수가 없을 정도입니다. 마구잡이 채취로 난초가 수난을 당하기도 합니다. 우리는 난초를 비롯한 아름다운 자연이 잘 보전되도록 노력해야겠습니다.

난초의 꽃말은 '미인' 이지요.

난초목 난초과 | *Cymbidium goeringii* Reichb. fil. | 늘푸른 여러해살이풀 | 우리나라 남부지방에서 저절로 자란다 | 꽃 피는 때 : 2~4월
열매 익는 때 : 6~7월 | 쓰임새 : 관상용, 약용

눈 속에서 봄을 알리는

복수초

나는 복수초입니다. 미나리아재비과에 딸린 여러해살이풀이지요. 우리나라와 만주지방에서 자라는 생명력이 강한 식물입니다. 한라산, 해발 600m 지점의 숲에 복수초가 자생합니다.

2월 하순 아직 눈이 쌓인 데서 노란색 꽃을 피우기 시작하지요. 평안도 백두산의 숲 속에서도 아직 얼음이 다 녹지 않은 때에 꽃을 피웁니다.

눈 속에서 꽃이 핀다 하여 지방에 따라서는 '얼음새꽃', '눈색이꽃'이라 부르기도 하지요.

나처럼 이른 봄에 남보다 먼저 꽃이 피는 식물은 미리 저장해 둔 영양으로 겨울을 나야 합니다. 언 땅이 녹으면 바로 꽃줄기를 내밀어야 하니까요.

이러한 식물은 땅속 기관이 발달해 있기 마련입니다. 복수초, 나는 짧고 굵으며 거무스름한 원뿌리에 잔뿌리가 많이 나 있고 거기에 영양을 저장합니다.

줄기는 높이가 10~20cm이며, 잎은 깃 모양으로 잘게 갈라집니다. 끝에 붙은 조각잎은 뾰족하지요. 긴 잎자루 밑에는 잘게 갈라진 턱잎이 있습니다.

2~4월경 노란 꽃이 피는데 꽃지름은 3~7cm 정도이며, 원줄기 끝에 한 송이씩 꽃이 달립니다. 가지가 갈라져 두세 개씩 피는 것도 있지요.

꽃받침잎은 여러 개이며 검은 녹색을 띱니다. 꽃잎은 20~30개나 되며 길게 수평으로 퍼진 접시 모양입니다.

수술은 많고, 2mm쯤 되는 꽃밥이 달립니다. 꽃모양이 가지런하고 빛깔이 고와서 관상용 식물로는 제격입니다.

7월에 여무는 씨는 길이가 1cm쯤 되는 것이 촘촘히 모여 있어서 전체 모양이 밤송이 같지요.

민간에서는 통증을 멎게 하고 오줌을 잘 걸러낸다 하여 나를 약으로 쓰기도 합니다.

다른 식물이 아직 잠자고 있을 때 쌓인 눈을 뚫고 나와서 봄을 알리는 복수초, 나는 생명력이 강한 식물이지요.

꽃말은 '봄의 미소'입니다.

미나리아재비목 미나리아재비과 | *Adonis amurensis* Regel et Radde | 여러해살이풀 | 우리나라 전역에서 저절로 자란다
꽃 피는 때 : 6~7월 | 쓰임새 : 관상용, 약용

복주머니를 가진 복주머니란

나는 복주머니란입니다. 난초과에 딸린 예쁜 꽃이지요. 지방에 따라서 개불알꽃, 요강꽃, 작란화 등으로 부르기도 합니다.

우리나라에서는 섬지방을 제외한 깊은 산중에서 자라며, 중국의 동북부, 몽골, 러시아, 일본 등지에서도 자생합니다. 우리나라에서는 특히 북쪽지방의 산과 들에서 많이 자라지요.

복주머니 모양으로 생긴 꽃잎 하나가 있어서 복주머니란이라는 이름을 붙였지요.

깊은 산중에 사는 복주머니란, 나는 땅속 줄기가 옆으로 뻗으며 마디에서 뿌리가 내립니다. 줄기는 곧게 서고, 키는 25~40cm쯤이지요.

잎은 어긋나고, 길이 8~15cm, 너비 5~8cm 크기에, 타원꼴이며, 잎 아래쪽은 줄기를 감싸는 잎집이 되고, 털이 듬성듬성 나 있습니다.

5~7월에 붉은 자줏빛이나 분홍빛 꽃이 피는데, 길이 4~6cm쯤 되는 꽃이 원줄기 끝에 한 개씩 달립니다. 꽃턱잎은 7~10cm쯤으로 끝이 뾰족하고 둘로 갈라져 있습니다. 꽃은 꽃덮이 여섯 장으로 되었는데, 위쪽 세 장을 꽃받침, 아래쪽 세 장을 꽃잎으로 구분하기도 합니다.

꽃잎 중에서 맨 아래에 있는 것이 주머니처럼 부풀어 있는데, 이것을 입술꽃잎이라 하지요. 입술꽃잎은 아주 예쁘고 재미나게 생겼지만 냄새는 그리 좋지 않습니다.

열매는 삭과인데, 7~8월에 익으며 꽃받침과 함께 말라 버립니다. 삭과란 익은 껍질이 쪼개지면서 씨를 퍼뜨리는 열매인데, 여러 개의 씨방으로 되어 있지요.

우리나라에는 다섯 종류의 복주머니란 형제가 자생합니다. 어느 품종이나 훌륭한 원예 식물이지요. 그러나 심어 가꾸기가 아주 어렵습니다. 기름지고 물이 잘 빠지는 땅이어야 하고, 바람이 잘 통하면서 햇빛을 70% 가려줄 수 있어야 합니다. 또한 늘푸른나무가 아닌, 잎지는나무 아래에서 가꾸어야 합니다. 깊은 산중의 조건을 맞추어 줘야 하기 때문이지요.

복주머니란의 꽃말은 '숲속의 요정' 입니다.

난초목 난초과 | *Cypripedium macranthum* Sw. | 여러해살이풀 | 우리나라 전역에서 저절로 자란다 | 꽃 피는 때 : 5~7월
열매 익는 때 : 7~8월 | 쓰임새 : 관상용

봉오리가 붓 모양인

붓꽃

나는 붓꽃입니다. 붓꽃과에 딸린 여러해살이풀이지요. 우리나라 어디에서나 절로 나서 자라는 들꽃입니다. 특히 냇가, 냇둑, 산개울가와 물기가 있는 풀밭을 좋아합니다. 함초롬한 꽃봉오리가 먹물을 묻힌 붓과 같다 하여 붓꽃이라는 이름이 붙었지요.

그러나 서양에서는 무지개를 뜻하는 '아이리스'라 불리는데, 꽃잎 안쪽에 무지개처럼 아름다운 무늬가 있기 때문입니다.

로마 신화에 아이리스 이야기가 전해 옵니다. 최고 여신 주노에게 아이리스라는 아름답고 예의 바른 시녀가 있었는데, 주노의 남편이며 최고의 남자신인 주피터가 아이리스의 아름다움을 탐내었습니다. 주인을 배신할 수 없던 아이리스는 무지개로 변하여 주노의 믿음을 저버리지 않았다고 합니다.

서양 사람들이 붓꽃, 즉 아이리스를 옛적부터 무지개처럼 아름다운 꽃으로 여겨 왔기 때문에 프랑스의 나라꽃이 되기도 했지요.

봄이 되면 땅속의 땅속줄기에서 좁고 긴 잎이 돋아나는데, 길이가 30~60cm쯤 됩니다.

5~6월이면 잎 사이에서 꽃줄기가 나와 높이 60~80cm쯤으로 자라고, 꽃줄기 끝에 두세 송이의 꽃이 달립니다.

붓 모양의 꽃봉오리가 벌어지면서 자줏빛 꽃을 피우는데, 지름 8cm 정도의 꽃송이에 안쪽 꽃덮이 석 장, 바깥쪽 꽃덮이 석 장이 꽃술을 둘러쌉니다.

수술은 세 개이며, 암술대는 가지가 두 개로 갈라지지요. 그 안쪽으로 옅은 자줏빛의 아름다운 무늬가 보입니다.

7~8월에 열매가 익는데, 길이 3.5~4.5cm 크기의 방추꼴입니다.

우리나라에는 꽃창포, 노랑붓꽃, 제비붓꽃, 애기붓꽃, 타래붓꽃 등 수많은 자연생 붓꽃이 자랍니다. 말린 뿌리를 약으로 쓰기도 하지요. 세계적으로는 야생 붓꽃이 200여 종, 원예종으로 개량한 것이 수백 종에 이른다 합니다.

꽃말은 '기쁜 소식'입니다.

백합목 붓꽃과 | *Iris sanguinea* Horn. | 여러해살이풀 | 우리나라 전역에서 저절로 자란다 | 꽃 피는 때 : 5~6월 | 열매 익는 때 : 7~8월
쓰임새 : 관상용, 약용

깊은 산 개울가에 자라는 비비추

나는 비비추입니다. 백합과에 딸린 여러해살이풀이지요. 우리나라 깊은 산골 개울가에서 자라 왔는데 사람들이 꽃과 잎을 보려고 가꾸어 관상식물이 되었습니다. 전 세계에 수백 가지 품종이 꽃가게에서 팔리고, 꽃 색깔, 잎 무늬 등에 따라 구별합니다.

내 키는 40cm쯤 되며, 땅속뿌리가 사방으로 벋어서 자랍니다.

잎은 뿌리 근처에서 모여나는데, 줄기와 잘 구별되지 않습니다. 길이가 5~15cm쯤이며, 긴 타원형에 끝이 뾰족합니다.

잎자루는 20cm가 될 만치 길고, 잎에는 잎맥이 나란히 8~9줄 나며, 잎은 비스듬히 위를 향해 자랍니다. 짙은 녹색인 잎은 가죽처럼 두꺼우며 가장자리가 밋밋합니다.

7~8월이 되면 잎 사이에서 30~40cm나 되는 기다란 꽃줄기가 나오고, 그 끝에 옅은 보라색 꽃이 피는데, 꽃줄기 한쪽에 치우쳐 여러 송이가 달리며, 꽃의 길이는 4cm쯤 됩니다.

꽃은 끝이 여섯 갈래로 갈라지고, 뒤로 약간 젖혀진 나팔 모양입니다.

암술 하나에 수술은 여섯 개이며, 열매는 9월에 익는데, 긴 타원꼴 열매가 꽃줄기에 여러 개 비스듬히 달립니다. 열매가 다 익으면 세 갈래로 갈라지면서 씨앗이 튀어나옵니다.

벌을 키우는 집에서는 벌의 먹이로 꿀을 얻기 위해 나를 집 둘레에 심어 두기도 하지요.

길가의 꽃밭이나 공원에서 나를 많이 가꾸고, 잎과 꽃은 꽃다발 재료로 씁니다. 특히 잎은 결혼식 날 신부가 드는 꽃다발에 쓰이지요.

어린 싹은 나물로 먹고, 잎은 샐러드를 해 먹거나 국을 끓여 먹지요.

예부터 꽃, 잎, 뿌리는 귀의 염증, 산후조리에 효험이 있다고 믿어 왔고, 뿌리에서 짠 즙은 피부병이 난 데 발라서 낫게 하였습니다.

나, 비비추의 꽃은 보통 연보라색이지만 흰 꽃이 피는 품종도 있습니다. 이를 흰비비추라 하지요.

백합목 백합과 | *Hosta longipes* (Fr. et Sav.) Matsumura | 여러해살이풀 | 우리나라 전역에서 저절로 자란다 | 꽃 피는 때 : 7~8월
열매 익는 때 : 9월 | 쓰임새 : 관상용, 식용

산과 언덕에 피는
산국

나는 산국입니다. 국화과에 딸린 여러해살이풀이지요. 곳에 따라서는 '개국화', '들국화', '황국'이라 부릅니다. 산국이란 '산에 사는 국화'라는 뜻입니다. 이름이 그러하듯이 나는 산기슭이나 비탈진 언덕, 산에 이어진 밭둑에 자라면서 노란 꽃으로 사람들의 눈길을 모으지요. 들녘이 아닌 땅이라면 우리나라 어디든지 볼 수 있는 야생화이며, 중국, 러시아, 일본 등지에서도 자라는 들꽃입니다.

봄이 되면 땅속줄기에서 땅위줄기가 돋아나고, 줄기는 가지를 내며 1m 높이로 자랍니다. 줄기에는 희고 짧은 털이 납니다.

잎은 어긋나는데, 길이는 5~7cm쯤이며 깃꼴로 깊게 갈라지며 가장자리에 톱니가 있습니다.

9~10월에 향기가 짙은 노란꽃을 피우는데, 잎과 줄기에서도 향기가 나지요.

꽃대 끝에 수많은 대롱꽃과 수많은 혀꽃이 모여 두상꽃차례를 이루는 것은 산국 같은 국화과 식물의 특성이기도 합니다.

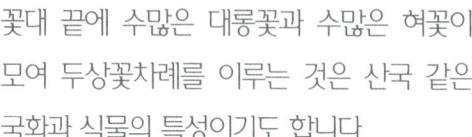

꽃송이의 지름은 1~1.5cm쯤 되며, 10~11월에 열매가 익어 씨를 맺는데, 씨는 1mm쯤으로 작고, 달걀꼴입니다. 깃털은 없습니다.

산국, 나는 꽃이 아름답고, 향기로우며 재배하기도 쉬운 꽃입니다. 집 안을 꾸미려고 많이들 가꾸지요.

더 좋은 꽃으로 개량한 개량산국도 있습니다.

초롱꽃목 국화과 | *Chrysanthemum boreale* Makino | 여러해살이풀 | 우리나라 전역에서 저절로 자란다 | 꽃 피는 때 : 9~10월
열매 익는 때 : 10~11월 | 쓰임새 : 관상용, 식용, 약용, 향료용

속새

원시식물

나는 원시식물인 속새입니다.
속새과에 딸린 늘푸른 여러해살이풀이지요.
나는 고사리 식물 갈래인데, 내 조상은 4억 년 전부터 지구 위에서 살아왔습니다. 그때는 인류도, 젖먹이동물도 나타나지 않은 때였지요. 꽃을 피워 열매 맺고 씨를 퍼뜨리는 식물도 나타나기 전이었습니다. 그때 우거진 고사리 식물이 오늘의 땔감인 석탄이 되었습니다. 이때를 석탄기라 하지요.
나는 작은 몸이지만 오랜 조상의 모습 그대로입니다. 그래서 나를 원시식물이라 합니다.
원시식물인 나는 우리나라 제주도 한라산과 강원도, 함경도 깊은 산속, 백두산의 응달에서 절로 자랍니다.

여름에 식물이 무성한 때는 다른 식물에 가려서 잘 보이지 않지만, 식물이 말라죽은 겨울이 되면 늘푸른 내 모습이 돋보이지요.
땅속의 땅속줄기에서 한꺼번에 여러 개의 땅위줄기가 촘촘히 솟아납니다.
속이 빈 줄기는 짙은 녹색이며, 가지를 치지 않고 곧게 30~60cm 높이로 자랍니다. 마디와 마디 사이에 10~18개의 골이 패입니다. 여기에 규산염이 쌓여 매우 딱딱하지요. 그래서 옛적에는 나무를 매끈하게 갈거나 그릇을 닦을 때 줄기를 사용하였습니다.
잎은 원시적인 형태여서 얇은 비늘 조각처럼 생겼으며 줄기의 마디를 완전히 둘러싸서 검은 띠 같은 잎집을 만듭니다. 잎집의 길이는 4~8mm쯤 됩니다. 잎집의 아래쪽은 갈색입니다.
나는 고사리처럼 홀씨로 퍼지는데, 홀씨주머니는 길이 0.6~1cm 정도의 원뿔 모양이며, 줄기 끝에 달립니다. 빛깔은 초록빛이 도는 갈색이었다가 노란색으로 바뀝니다. 여기서 홀씨가 생겨 다음 대를 이어갑니다.
한방에서는 풀 전체를 약재로 써 왔습니다. 요즘에는 화단에 관상용으로 가꾸기도 하지요.

속새의 꽃말은 '거짓' 입니다.

속새목 속새과 | *Equisetum hyemale* L. | 늘푸른 여러해살이풀 | 우리나라 제주도, 강원도, 이북지방에서 저절로 자란다
쓰임새 : 관상용, 약용

한국의 특산식물
솜다리

나는 솜다리입니다. 국화과에 딸린 여러해살이풀이지요. 서양에서는 에델바이스라 부른답니다. 나는 한국의 특산식물이며 한라산, 소백산, 설악산과 낭림산맥의 고산지대 등 높은 산 가파른 바위틈에 뿌리박고 사는 희귀식물이기도 합니다. 그 중에서도 설악산 솜다리가 가장 먼저 피어나고 모양이 아름다워 명성이 자자하지요. 스위스의 알프스 산에도 솜다리가 에델바이스라는 이름으로 자라지요.

나는 고산지대에서 아직 눈이 녹지 않는 4월에 솜털에 싸인 잎을 땅위로 내밉니다. 그래서 높은 산을 오르는 등산가들이 칭찬하는 식물이 되었습니다.
꽃대줄기와 잎이 같이 돋아나는데, 꽃대줄기는 15~25cm로 자랍니다.
식물 전체가 흰 털로 덮여 흰 빛깔을 띤 녹색으로 보입니다.

꽃잎처럼 보이는 것은 꽃턱잎인데 8~16개가 모여 별 모양을 이룹니다.
꽃은 5~9월에 피고, 8~16개의 작은 꽃이 모여 두상꽃차례를 이루지요.
열매는 10월에 익는데 길이 1mm 정도의 타원꼴입니다.
우리나라에서 자라는 솜다리는 모두 네 종류가 있는데, 왜솜다리는 중부지방과 북부지방의 고산지대에서 자생하며, 높이는 30cm쯤 되고 8~9월에 꽃이 피지요. 잎이 넓고 솜털이 적은 편입니다.
산솜다리(참솜다리)는 왜솜다리와 같은 지역에서 자라며, 한라산의 한라솜다리는 해발 1,500m 이상의 바위틈에서 자라는데, 높이는 7~12cm쯤입니다.
산솜다리는 낭림산맥 이북에서 자생하는 솜다리로 줄기에 자줏빛이 약간 돌며 8월에 꽃이 피는데, 꽃빛깔은 연노랑색입니다.

고산식물 솜다리의 꽃말은 '귀중한 추억' 입니다.

초롱꽃목 국화과 | *Leontopodium coreanum* Nakai | 여러해살이풀 | 우리나라 한라산, 중부 이북지방에서 저절로 자란다
꽃 피는 때 : 5~9월 | 열매 익는 때 : 10월 | 쓰임새 : 관상용, 식용

홀씨로 번식하는 쇠뜨기

나는 쇠뜨기입니다. 속새과에 딸린 여러해살이풀인데 속새의 사촌이라 할 만큼 생태가 닮았지요. 소가 뜯어먹는다 해서 쇠뜨기라는 이름이 생겼다 합니다. 그러나 소가 먹으면 설사를 하지요.

나는 햇볕이 잘 드는 풀밭, 밭둑, 논둑, 냇가에서 무리를 지어서 자랍니다. 밭에 나면 잡초라며 뽑아 버리지요. 뽑아도 뽑아도 또 올라오기 때문에 농부들이 아주 싫어합니다.

나는 고사리보다도 원시적인 식물입니다. 수억 년 동안 조상의 모습을 이어가고 있지요. 그러기 때문에 다른 식물과는 살아가는 방법이 아주 다릅니다.

꽃을 피우지 못하는 나는 씨앗이 아닌 홀씨로 후손을 늘입니다. 아니면 땅속줄기를 뻗으면서 번식하지요.

땅속줄기에서 두 가지 줄기가 솟아나는데, 생식줄기와 영양줄기입니다. 생식줄기는 홀씨를 만들어 후손을 늘이는 일을 하고, 영양줄기는 광합성을 하여 필요한 영양소를 만듭니다. 이런 점이 다른 식물에 비해서 원시적이라 할 수 있지요.

3~4월이 되면 땅속줄기에서 옅은 갈색인 생식줄기가 먼저 땅위로 돋아납니다. 생식줄기는 뱀의 머리 같은 홀씨주머니 이삭을 머리에 이고 있는데, 높이 10~30cm로 자라지요. 마디가 있고, 비늘 같은 잎이 마디에 돌려나며 가지는 내지 않습니다.

영양줄기는 생식줄기보다 뒤늦게 돋아납니다. 녹색을 띠고, 광합성을 하면서 30~40cm쯤 자랍니다. 줄기의 속은 비었고 골이 패이지요. 마디에서 가지를 뻗고, 가지가 또 가지를 냅니다. 생식줄기처럼 작은 비늘 같아 보이는 원시적인 잎이 마디에 돌려나는데 잎의 수와 줄기에 패인 골의 수가 일치합니다.

5~6월이 되면 홀씨주머니에서 익은 홀씨를 퍼뜨립니다.

쇠뜨기, 나는 혈압을 내리게 하고 피를 멎게 하는 약재로 쓰이며, 생식줄기는 나물로 먹고, 튀김을 하거나 장아찌를 담그기도 합니다.

쇠뜨기의 꽃말은 '거짓' 입니다.

속새목 속새과 | *Equisetum arvense* L. | 여러해살이풀 | 우리나라 전역에서 저절로 자란다 | 쓰임새 : 식용, 약용

그림자까지 예쁜 수선화

옛날 그리스에 나르키소스라는 미소년이 있었습니다.
"남자가 저렇게 잘생길 수 있을까?"
예쁜 요정들이 미소년을 따랐습니다. 그는 요정들을 거들떠보지도 않았습니다.
그러자 요정들은 목숨을 끊기까지 하였습니다. 에코라는 요정은 애를 태우다가 목소리만 남아서 산속의 메아리가 되었습니다.
그러던 어느 날 나르키소스는 우물에 비친 제 얼굴을 보았습니다.
"정말 잘생겼네."
그는 아름다운 자기 그림자에 마음이 끌려 물러설 수가 없었습니다. 그러다가 그림자가 있는 물속으로 뛰어들어 목숨을 잃고, 한 송이 꽃이 되었습니다. 그 꽃이 수선화라 합니다.
나는 수선화입니다. 수선화과에 딸린 여러해살이풀이지요. 영어로는 수선화 종류 모두를 '나르시서스(Narcissus)'라 하는데 그리스 신화에서 온 이름입니다.
자기 그림자에 끌릴 만큼 아름다운 수선화, 나는 지중해 기슭이 원산지라 하지만 우리나라 남부 지방, 특히 제주도에 자생하는 꽃이었답니다. 제주도에는 1~4월까지 수선화가 피는데, 예전에는 밭에 수선화가 많이 나서 힘들여 캐내기까지 했다 합니다.
땅속에 양파 모양의 비늘줄기가 있고 그 밑에 수염뿌리가 달리지요.
잎은 땅속의 비늘줄기에 모여나는데 가늘고 길며 끝이 둥글고 두껍습니다.
12~3월에 잎 사이에서 20~40cm 길이의 꽃대가 나와 그 끝에 꽃이 5~6송이씩 피지요. 꽃 모양은 품종에 따라 다르지만 꽃빛깔은 흰색, 주황색, 노란색뿐입니다.
꽃송이 안에 부화관이라는 술잔 모양을 이룬 꽃잎이 있고 그 밑에 바깥꽃잎 여섯 장이 있습니다. 꽃잎 안쪽 한가운데에 노랑 빛깔의 꽃술이 있습니다. 부화관의 크기, 모양, 빛깔이 가지각색인데 이에 따라 품종의 이름이 달라집니다.
꽃은 옆을 향해서 피는데, 그 꽃피는 모양이 아름답고 향기가 그윽해서 옛적부터 선비들의 칭찬을 받아왔습니다. 그러나 열매는 거의 맺지 않습니다.
전 세계에서 절로 자라는 수선화는 40여 종이며, 개량한 품종은 2천 종에 이른다 합니다.

수선화의 꽃말은 '자존'입니다.

백합목 수선화과 | *Narcissus tazetta* var. *chinensis* Roem. | 여러해살이풀 | 원산지는 지중해 근처. 우리나라 남부에서 저절로 자란다
꽃 피는 때 : 12~3월 | 열매 익는 때 : 거의 맺지 않음 | 쓰임새 : 관상용

슬픈 전설을 지닌 쑥부쟁이

옛날 아들딸 여러 남매를 둔 가난한 대장장이가 있었습니다. 마음 착한 맏딸이 쑥을 뜯어와 양식에 보태었는데, 딸 이름을 쑥부쟁이라 불렀습니다. 쑥을 뜯는 불쟁이(대장장이) 딸이라는 뜻이었습니다.

어느 날, 쑥부쟁이가 쑥을 뜯으러 갔다가 벼랑에 떨어져 그만 목숨을 잃고 말았습니다. 그런데 그 벼랑 밑에서 쑥을 닮은 풀이 많이 돋아났습니다.

"이 풀은 쑥부쟁이 영혼이다. 죽으면서도 식구를 걱정했구나."

감동한 마을 사람들이 이 풀에다 대장장이 딸 이름을 붙여 쑥부쟁이라 불렀습니다.

나는 슬픈 전설을 지닌 쑥부쟁이입니다. 국화과에 딸린 여러해살이풀이지요.

산기슭, 숲 가장자리, 풀밭 등 햇볕이 잘 들고 조금 메마른 땅에서 잘 자랍니다.

땅속에서 뿌리줄기가 옆으로 벋으면서 군데군데 땅위줄기를 내밉니다. 그렇게 무리를 짓지요.

0.3~1m쯤으로 자라는데, 줄기에서 나는 잎은 어긋나고, 끝이 뾰족하며 가장자리에 굵은 톱니가 있습니다.

원줄기와 원줄기에서 뻗은 가지 끝에 꽃이 두상꽃차례로 달립니다. 가운데의 대롱꽃은 노란색, 가장자리의 혀꽃은 연보라색입니다. 한여름인 7월에서 시작하여 늦가을인 10월까지 꽃이 핍니다.

꽃송이의 지름은 2.5cm쯤 되지요.

10~11월에 씨가 여무는데 길이가 2.5mm쯤이며 깃털이 있습니다.

어린 싹은 나물로 먹고, 풀 전체가 약으로 쓰이지요. 오줌을 잘 걸러 주고, 감기와 기침에 효과가 있다 합니다.

꽃이 아름답고, 오래 가며, 가꾸기가 쉬우므로 집 안을 꾸미려고 꽃밭에 심지요.

쑥부쟁이, 내 형제는 개쑥부쟁이, 산쑥부쟁이, 섬쑥부쟁이 등 여러 종류가 있습니다.

초롱꽃목 국화과 | *Aster yomena* Makino | 여러해살이풀 | 우리나라 전역에서 저절로 자란다 | 꽃 피는 때 : 7~10월
열매 익는 때 : 10~11월 | 쓰임새 : 관상용, 식용, 약용

쓰지만 몸에 좋은 씀바귀

나는 씀바귀입니다. 맛이 쓰다 해서 붙인 이름이지요. 국화과에 딸린 여러해살이풀입니다.

옛적부터 입맛을 돋우고 소화를 돕고 위를 튼튼히 하는 건강식품으로 인정해 왔습니다. 민간에서는 손등에 사마귀가 생겼을 때 씀바귀의 잎이나 줄기에서 나오는 흰 즙을 바르면 사마귀가 없어지고, 씀바귀 뿌리를 고추장에 찍어 먹으면 여름에 더위를 타지 않는다고 믿어 왔습니다. 그 밖에도 잠이 잘 오게 하고, 여러 모로 건강을 도와주는 약재로 쓰였습니다.

어린이들은 쓴맛이 난다 해서 싫어하지만 몇 번 먹어 보면 입에 당기어 즐겨 먹습니다. 나이 많은 어른들이 씀바귀를 즐기는 것은 먹을수록 맛이 나기 때문이지요.

나는 빈터, 길가, 밭둑 등에서 자라고, 곡식을 심어 놓은 밭이랑에서 잡초로 자랍니다. 뿌리는 옆으로 뻗으며, 뿌리에서 나온 줄기의 어린 싹은 처음에 붉은색을 띠다가 차츰 녹색이 됩니다.

25~50cm 높이로 자랍니다. 줄기는 가늘게 자라며 위쪽에서 가지를 칩니다.

잎은 뿌리에서 나온 것과, 줄기에서 나온 잎으로 나뉘는데 뿌리에서 나는 잎은 모여나고, 줄기에서 나는 잎은 어긋나지요. 줄기에서 나는 잎은 두세 개 밖에 되지 않으며, 잎과 줄기를 자르면 쓴맛이 나는 흰 즙이 흐릅니다.

5~7월에 원줄기와 가지 끝에 흰색 또는 노란색 꽃이 달리는데 노란 꽃 피는 것을 씀바귀, 흰 꽃 피는 것을 흰씀바귀라 합니다. 여러 꽃이 한 송이 안에 모여서 피는 두상꽃차례를 이루는데 꽃송이 지름이 1.5cm쯤입니다.

나의 씨는 8~9월에 익으며 끝에 날개가 달려 있어 바람이 불면 멀리 날아가 자리를 잡습니다.

민들레나 씀바귀 씨에 날개가 있는 것은 씨를 멀리까지 퍼뜨리기 위해서입니다.

씀바귀의 뿌리와 잎은 양념에 무치거나 김치를 담가 먹지요.

내 사촌쯤 되는 고들빼기는 뿌리가 크게 자라는데 온실 재배도 합니다. 개량종 고들빼기는 뿌리 크기가 작은 '무' 만하지요.

고들빼기

초롱꽃목 국화과 | *Ixeris dentata* (Thunb.) Nakai | 여러해살이풀 | 우리나라 전역에서 저절로 자란다 | 꽃 피는 때 : 5~7월
열매 익는 때 : 8~9월 | 쓰임새 : 염료용, 식용, 약용

이름이 재미있는 애기똥풀

나는 애기똥풀입니다. 양귀비과에 딸린 두해살이풀입니다.
옛날 옛적 어떤 사람이 줄기를 꺾어 보고, "어? 노란 물이 나오네. 애기똥 같다."
하며, 애기똥풀이라 이름 지었을 테지요.
줄기에서 젖이 나온다 하여 '젖풀'이라 부르기도 합니다.
재미있는 이름을 가진 애기똥풀, 나는 우리나라 전체와 고구려의 옛 땅인 만주지방, 특히 백두산 기슭에 퍼져 있습니다.
동부아시아 온대지방 넓은 지역에서도 볼 수 있는 풀이지요. 나는 마을 풀밭, 숲 가장자리, 길가, 언덕에서 무리를 지어 자랍니다.
키는 30~80cm쯤이며 많은 가지를 내지요.
굵은 곧은뿌리가 땅속 깊이 뻗는데, 색깔은 오렌지색입니다.
줄기와 잎에는 털북숭이처럼 털이 많이 나지요.
잎은 어긋나며, 잎자루에 달린 잎이 깃꼴로 한두 갈래 깊이 갈라지며, 가장자리에 둔한 톱니가 있습니다.
잎 크기는 길이가 7~15cm, 너비가 5~10cm쯤입니다.
5~8월에 꽃을 피우는데, 꽃빛깔은 노랗고, 꽃잎은 넉 장이며, 두 장의 꽃받침잎이 있습니다. 꽃잎이 넉 장인 것은 양귀비과 식물의 특성이지요. 꽃받침잎은 6~8cm쯤이며, 꽃잎 길이는 1.2cm쯤입니다.
많은 수술과 한 개의 암술이 있는데, 암술머리가 약간 굵고 얕게 두 갈래로 갈라지지요.
꽃은 원줄기와 가지 끝에 피는데 배열이 우산꼴이라 산형꽃차례라 하지요.
열매는 9월부터 익는데, 길이 3.5cm쯤 되는 가늘고 길쭉한 꼬투리 모양입니다.
한방에서는 애기똥풀, 나를 다른 약재에 섞어서 위를 돕고, 통증을 멎게 하고, 위암을 낫게 하고, 기침을 멎게 하는 약으로 씁니다. 그러나 독이 있는 풀이므로 함부로 먹거나 약으로 써서는 안 되지요.

양귀비목 양귀비과 | *Chelidonium majus* var. *asiaticum* (Hera) Ohwi | 두해살이풀 | 우리나라 전역에서 저절로 자란다
꽃 피는 때 : 5~8월 | 열매 익는 때 : 9월 | 쓰임새 : 식용, 약용

풍차를 닮은 예쁜 꽃
앵초

나는 앵초입니다. 앵초과에 딸린 여러해살이풀이지요. 우리나라 전 국토에 절로 나는 풀인데, 숲속의 개울가나 물기 있는 풀밭에서 무리를 지어 자랍니다. 물기 있는 땅을 좋아하기 때문에 흔하게 볼 수 있는 풀은 아니지요. 백두산 1,000m 이하의 습지나, 고구려 옛 땅을 적셔 주는 송화강가 습기 있는 들판에서도 자라는 풀입니다.

꽃이 예쁘기로 이름난 앵초, 나는 화초로 알맞기 때문에 오래전부터 관상식물로 가꾸어 왔습니다.

유럽에서는 앵초를 프리물라라 하는데, 알프스 산골짜기에서 자생하는 앵초와 유럽 전역에서 나는 앵초를 개량한 화초가 500종이 넘는다 합니다.

나는 이른 봄에 습한 땅에서 싹을 틔우며, 짧은 뿌리줄기가 땅속에서 잔뿌리를 내며 옆으로 뻗고, 군데군데 땅위로 줄기를 내어 포기를 늘입니다.

땅속줄기에서 무더기로 나오는 잎은, 잎자루가 잎의 길이보다 길며, 보드라운 털이 있습니다. 잎모양은 타원형이며 길이는 4~10cm, 너비 3~6cm쯤입니다.

잎은 주름지고, 가장자리에 무딘 톱니가 있어서 어린 배춧잎 같지요.

4월에 잎 사이에서 높이 15~40cm 되는 꽃줄기가 나와 작은 꽃자루로 갈라진 다음, 7~20개의 통꽃이 핍니다.

꽃빛깔은 분홍색이며, 꽃잎이 갈라진 모양은 풍차의 날개를 떠올리게 합니다. 우산 모양의 산형꽃차례를 이루며 꽃받침은 통 모양인데 끝이 다섯으로 갈라집니다.

꽃부리는 지름이 2~3cm가 되고, 통 모양을 이루는 밑부분이 1~1.3cm쯤 되지요.

열매는 8월에 익는데 모양은 평평한 원뿔꼴이며, 익으면 다섯 갈래로 갈라져 씨를 퍼뜨립니다.

어리고 부드러운 잎은 나물로 먹고, 풀 전체는 기침을 멎게 하고, 가래를 없애 기관지염을 낫게 하는 약재로 쓰여 왔습니다.

나는 이름이 재미있고, 꽃이 고와서 꽃밭에 심어 집 안을 꾸미고, 공원에서 많이 가꿉니다.

앵초의 꽃말은 '초원의 풍차' 이지요.

앵초목 앵초과 | *Primula sieboldi* E. Morr. | 여러해살이풀 | 우리나라 전역에서 저절로 자란다 | 꽃 피는 때 : 4~5월 | 열매 익는 때 : 8월
쓰임새 : 관상용, 식용

양지에 피는 양지꽃

나는 양지꽃입니다. 장미과에 딸린 여러해살이풀이지요. 겨울 추위에 줄기는 말라 죽지만 봄이 되면 튼튼한 뿌리에서 줄기가 돋아나기 때문에 오래오래 살 수 있습니다. 뿌리로 겨울을 견디는 여러해살이풀을 숙근초(宿根草)라 하지요.

뿌리박고 사는 곳은 잔디밭과 밭둑, 언덕 등 햇볕이 잘 드는 양지입니다. 양지에 피는 꽃이라 하여 '양지꽃'이라는 예쁜 이름을 지어 주었지요.

나는 4~6월에 노랑꽃을 무더기로 피워 지나는 사람들에게 자랑합니다.

키는 30~40cm쯤이며, 몸 전체에 하얀 솜털이 있습니다. 잎이 희게 보이는 것은 솜털 때문입니다.

줄기가 비스듬히 자라고, 잎도 비스듬히 퍼져서 키가 작아 보입니다.

잎모양은 깃꼴겹잎이며, 끝에 달린 작은잎 세 개가 다른 작은잎보다 큽니다.

잎 앞뒤에 하얀 털이 나고 가장자리에 톱니가 있습니다.

꽃줄기는 가느다랗고 길며, 꽃줄기 끝에 노랑꽃 여러 송이가 달리는데, 꽃잎은 다섯 장이며 거꾸로 된 달걀꼴입니다. 꽃부리는 지름이 1.2~1.5cm쯤이고, 암술과 수술이 여러 개 있는 것이 남다르지요.

덩이뿌리의 껍질을 벗기면 닭다리 같은 흰 부분이 나옵니다. 이 부분을 계퇴근(鷄腿根)이라 하여 한방에서 약재로 쓰는데, 계퇴근이란 '닭의 다리 같은 덩이뿌리'라는 뜻입니다.

뿌리를 날로 먹으면 단맛이 나지요.

보릿고개가 있던 옛날에는 양지꽃 뿌리가 진달래꽃, 찔레꽃, 찔레순, 잔대, 소나무 속껍질과 함께 굶주린 어린이의 군음식이 되어 주었습니다.

6~7월에 열매를 맺는데, 2mm쯤 되는 열매는 달걀 모양이며 가는 주름이 있고 털은 없습니다.

양지꽃, 나를 꽃밭이나 화분에 심어 가꾸어 보세요. 뿌리가 튼튼하기 때문에 특별히 관리하지 않아도 이른 봄에 노란 꽃으로 여러분을 반길 것입니다.

장미목 장미과 | *Potentilla fragarioides* var. *major* Max. | 여러해살이풀 | 우리나라 전역에서 저절로 자란다 | 꽃 피는 때 : 4~6월
열매 익는 때 : 6~7월 | 쓰임새 : 식용, 약용

고개 숙인 자주꽃
얼레지

나는 얼레지입니다. 백합과에 딸린 여러해살이 고산식물이지요. 1,500m나 되는 높은 산꼭대기 가까운 응달 기름진 땅에서 절로 나서 예쁜 꽃을 피웁니다.
"이렇게 예쁜 꽃이 높은 산에 피었네."
하고 등산객이 나를 반깁니다.
지리산, 무등산, 덕유산, 소백산, 태백산, 오대산, 설악산, 금강산, 백두산 등 이름나고 높은 산에서 나를 볼 수 있지요. 이지러진 마늘 모양을 닮은 비늘줄기가 땅속 25~30cm 깊이에 있고, 비늘줄기에 수염뿌리가 달립니다.
봄에 길이 25cm 정도의 꽃줄기가 나오는데 그것이 나의 키 높이입니다.
땅 가까이에 잎이 매달립니다. 잎에는 잎자루가 있고, 모양은 긴 타원형이며, 길이는 6~12cm, 너비는 2.5~5cm쯤입니다. 잎의 가장자리는 밋밋하고, 약간 주름이 지며, 녹색 바탕에 자주색 무늬가 있지요.
4~5월에 꽃이 피는데 꽃은 자주색 또는 흰색이며, 꽃줄기 끝에 한 개의 꽃이 고개를 숙이고 매달립니다. 꽃잎은 여섯 장이며, 꽃잎 길이가 6~12cm쯤이고, 조빗하고 끝이 뾰족한 모양입니다. 꽃잎은 젖혀져 뒤로 말리고 꽃술이 앞으로 나오지요. 꽃잎 안쪽과 꽃술 안쪽에 W자 모양의 짙은 자줏빛 무늬가 있습니다.
수술은 여섯 개인데, 길이가 제각각입니다. 꽃밥은 자주색입니다. 암술머리는 끝이 세 갈래로 갈라져 가루받이에 좋습니다. 7~8월에 열매가 익는데, 둥근 모양이며, 다 익은 열매는 세 갈래로 쪼개지면서 주황색 씨가 튀어나옵니다.
얼레지, 나를 옮겨 심으려면 땅속 깊이 있는 비늘줄기를 다치지 않게 캐야 합니다. 씨앗을 뿌리면 몇 해를 기다려야 꽃을 볼 수 있으므로 가꾸기가 어렵지요.
잎은 나물로 먹고, 비늘줄기에서 뽑은 녹말로 고급 요리를 만듭니다. 위를 튼튼히 하는 약재로도 쓰이지요.

백합목 백합과 | *Erythronium japonicum* Decne. | 여러해살이풀 | 우리나라 높은 산지에서 저절로 자란다 | 꽃 피는 때 : 4~5월
열매 익는 때 : 7~8월 | 쓰임새 : 식용, 약용

가시 많은 엉겅퀴

나는 엉겅퀴입니다. 국화과에 딸린 여러해살이풀이지요. 줄기에 가시가 많아서 어린이들이 만지기 싫어하는 식물입니다. 그렇지만 엉겅퀴를 화분에 가꾸어 꽃과 함께 잎과 가시를 감상하기도 하지요.

줄기의 높이는 1m쯤이며, 줄기에 흰 털과 거미줄 같은 섬유질이 있습니다.

어린잎은 나물로 먹고, 잎과 줄기와 뿌리는 약재로 쓰는데 특히 피를 멎게 하는 데 약효가 있다 합니다. 엉겅퀴라는 이름도 피를 엉기게 한다는 뜻에서 '엉겅피'라 부른 것이 변해서 된 말이라 합니다.

나는 우리나라 전역에 절로 자라는 야생초인데 풀밭, 밭둑, 길가에서 자주 볼 수 있지요.

10월경 떨어진 씨가 어린 풀포기로 싹터서 가을 동안 자라다가, 추위가 닥치면 큰 잎은 시들고, 싹은 웅크리며 겨울을 나지요. 이듬해 이른 봄에 웅크렸던 새싹이 자라, 늦은 봄에 꽃을 피웁니다.

잎은 뿌리에서 나온 잎과 줄기에서 나온 잎으로 구별하지요. 어느 잎이나 가장자리가 여섯 내지 일곱 쌍으로 깊게 파여서 깃꼴이 됩니다. 들쭉날쭉한 잎 가장자리에 딱딱한 가시가 촘촘히 돋지요. 뿌리에서 나온 잎은 15~30cm 크기이며, 줄기에서 나온 잎은 이보다 작은데, 원줄기를 감쌉니다.

6~8월에 원줄기와 가지 끝에 혀꽃 없이 자주색 대롱꽃으로만 두상꽃차례로 한 송이씩 달리는데, 꽃송이의 지름은 3~5cm쯤입니다.

9~10월에 여무는 씨는 4mm 정도이며 깃털이 달려서 바람을 따라 멀리까지 흩어질 수 있습니다.

우리나라에는 엉겅퀴 종류가 많은데, 북부 지방 산에서 자생하는 부전엉겅퀴, 제주도와 남부지방 들에서 자라는 가는엉겅퀴, 한라산에서 자라는 바늘엉겅퀴와 도깨비엉겅퀴, 덤불엉겅퀴, 점봉산엉겅퀴 등은 한국에만 자생하는 특산종입니다.

엉겅퀴, 나를 채소 대용으로 재배를 할 수도 있습니다.

도시의 공해에 강한 풀이므로 아파트 베란다나 정원에 심어 놓으면 여름에 탐스런 꽃을 볼 수 있지요.

초롱꽃목 국화과 | *Cirsium japonicum* var. *ussuriense* Kitamura | 여러해살이풀 | 우리나라 전역에서 저절로 자란다
꽃 피는 때 : 6~8월 | 열매 익는 때 : 9~10월 | 쓰임새 : 식용, 약용

매운맛이 나는
여뀌

나는 여뀌입니다. 마디풀과에 딸린 한해살이풀인데, 습지나 물기가 많은 냇가에서 자랍니다.

나의 잎은 몹시 매운맛을 냅니다. 시골 어린이는 여뀌, 나를 가지고 웅덩이나 냇물에 있는 물고기를 잡지요. 돌로 여뀌를 찧어 낸 즙을 물에 풀면 붕어나 피라미 같은 물고기들이 매운 물을 마시고 견디지 못해 물위로 떠오릅니다. 소가 먹으면 설사를 하고, 염소도 먹지 못하는 매운 풀입니다.

나는 습지나 얕은 물이 흐르는 땅에 뿌리를 박고 있고, 가지를 많이 치는데 줄기와 가지는 붉은빛이 도는 녹색입니다. 줄기에는 마디가 있고 마디가 흙이나 모래에 닿으면 뿌리를 내립니다. 냇가나 습지에 여뀌끼리 무더기를 이루지요.

나의 키는 40~80cm쯤이며, 잎은 어긋나고 잎자루가 없으며, 잎 가장자리가 톱니 없이 밋밋하지요. 조빗한 잎은 끝이 뾰족합니다. 턱잎은 잎집처럼 생겼는데 얇은 종이 같은 투명한 막질이며 가장자리에 털이 나 있습니다.

6~9월에 붉은색을 띤 꽃이 피며 벼이삭처럼 수그러진 꽃이삭에 꽃이 다닥다닥 붙어 있지요. 꽃에는 꽃잎이 없고, 꽃받침은 4~5조각이며, 연한 녹색이지만 끝부분에 붉은빛이 돕니다. 수술은 여섯 개, 암술은 두 개이며 씨방은 타원형입니다.

열매는 수과인데, 검고 작으며 달걀을 거꾸로 한 모양입니다. 수과란 모양이 작고 익어도 터지지 않으며 열매가 한 개의 씨처럼 보이는 열매를 말합니다.

잎이 매운맛을 내기 때문에 일본에서는 싹이 튼 여뀌를 생선 요리에 곁들입니다. 여뀌, 나는 피를 멎게 하는 약효가 있으므로, 출혈이 있거나 장기에 내출혈이 있을 때 지혈제로 쓰입니다. 혈압을 내려 주는 효능도 있지요.

나의 형제 중 열매의 길이가 짧고, 잎이 가는 종류를 가는여뀌라 합니다.

여뀌류에 오른쪽 그림에 있는 개여뀌도 있습니다.

마디풀목 마디풀과 | *Persicaria hydropiper* (L.) Spach | 한해살이풀 | 우리나라 전역에서 저절로 자란다 | 꽃 피는 때 : 6~9월
열매 익는 때 : 9~10월 | 쓰임새 : 식용, 약용

약재로 쓰이는
용담

나는 용담입니다. 용담과에 딸린 여러해살이풀이지요. 용담(龍膽)이란 '용의 쓸개'라는 뜻인데 뿌리가 용의 쓸개처럼 쓰다 하여 붙여진 이름입니다. 곰의 쓸개, 웅담(熊膽)과 견준 말이기도 합니다.

사람들은 용담이 대단한 약효가 있는 것으로 믿어 왔습니다. 위를 튼튼히 하고, 설사를 막아 주며, 고치기 힘든 간질병에도 용담을 약으로 썼습니다. 심지어 회충을 없애는 데, 습진을 고치는 데도 썼다 합니다.

나, 용담은 우리나라의 낮은 산부터 높은 산까지 분포하고, 고구려 옛 땅인 만주지방에도 자랍니다.

내 키는 20~60cm쯤이며, 짧고 굵은 수염뿌리가 있는데, 약재로 쓰입니다.

잎은 마주나고, 잎자루가 없으며, 잎의 길이가 4~8cm, 너비가 1~3cm로 길고 조붓한 모양입니다. 잎 끝이 뾰족하고, 가장자리가 밋밋하며, 세 줄의 잎맥이 있지요.

8~10월에 보라색 또는 자주색 꽃이 피는데, 꽃자루 없이 줄기와 잎 사이의 겨드랑이에 달립니다. 꽃은 종 모양의 통꽃인데 아래쪽이 봉긋하게 부풀고 가장자리가 다섯으로 갈라져 벌어집니다. 수술은 다섯 개이며, 한 개의 암술이 있지요.

꽃이 오래 가는 것이 나의 자랑이기도 합니다. 찬 서리가 내린 늦가을에도, 높은 산에서 보랏빛으로 핀 꽃을 볼 수 있지요.

10~11월에 열매가 여물어 씨가 떨어지며, 씨는 양끝에 날개가 있습니다.

우리나라에는 여러 종류의 용담이 있는데, 그 중 몇 가지는 한국 특산식물이기도 합니다.

근래에는 꽃을 보려고 용담을 심어 가꾸고, 대량으로 생산하여 생화로 씁니다.

용담의 꽃말은 '당신이 슬플 때 나는 사랑한다.' 이지요.

칼잎용담　　용담

용담목 용담과 | *Gentiana scabra* var. *buergeri* (Miquel) Max. | 여러해살이풀 | 우리나라 전역에서 저절로 자란다 | 꽃 피는 때 : 8~10월
열매 익는 때 : 10~11월 | 쓰임새 : 관상용, 약용

근심을 잊게 하는
원추리

나는 원추리입니다. 백합과에 딸린 여러해살이풀이지요. 우리나라의 산과 들에서 자라며, 아름다운 꽃으로 사람들과 친해 왔습니다. 나를 망우초(忘憂草)라 부르기도 하는데, 주황색 꽃을 바라보면 모든 근심을 잊게 된다고 해서 지은 이름입니다.

땅속에 있는 덩이뿌리는 사방으로 벋습니다. 유달리 굵은 부분이 녹말 저장 창고입니다.

옛날에는 흉년이 드는 해에 이 덩이뿌리를 식량 대신 먹기도 했답니다.

길쭉한 잎은 길이 60~80cm, 너비 1.2~2.5mm인데, 줄기의 밑동에서 여러 잎이 겹치게 돋아나 잎집이 되고, 잎 끝이 아래로 휘어집니다.

6~8월에 꽃이 피는데, 꽃줄기가 잎 사이에서 나와 1m쯤 자라며, 끝이 갈라져 6~8송이의 꽃이 달립니다. 꽃은 주황색이며 길쭉한 나팔 모양인데, 길이가 10~13cm나 됩니다. 꽃턱잎은 가늘고 뾰족하며, 갈려져 나온 작은 꽃줄기는 짧아서 길이 2~3cm쯤입니다. 암술 하나에 수술은 여섯 개이며 꽃잎보다 짧고, 끝에 검은 자줏빛 꽃밥이 달립니다. 꽃은 백합 모양을 닮았는데 하루만 피다가 져 버리는 것이 아쉽지요.

열매는 8~9월에 익으며 다 익은 열매는 세 갈래로 터져 까만 씨가 흩어집니다. 씨를 맺지 못하는 꽃이 많습니다.

봄에 돋은 어린 싹은 나물로 먹는데, 부드럽고 단맛이 납니다. 어린 싹을 '넘나물'이라 하여 지방에 따라서는 대보름에 넘나물국을 끓여 먹기도 하지요.

꽃은 고급 중국요리의 재료가 되고, 샐러드를 만들어 먹기도 합니다.

뿌리는 오줌을 잘 걸러내고, 피를 멎게 하며, 열을 내리게 하며, 상처가 덧나지 않게 하는 약효가 있다 합니다.

꽃을 보려고 꽃밭이나 길가에 심어 가꾸기도 하지요.

어린원추리

백합목 백합과 | *Hemerocallis fulva* L. | 여러해살이풀 | 우리나라 전역에서 저절로 자란다 | 꽃 피는 때 : 6~8월 | 열매 익는 때 : 8~9월
쓰임새 : 관상용, 식용, 약용

조로록 은방울을 단
은방울꽃

나는 은방울꽃입니다. 이름도 예쁘고 꽃도 예쁘지요. 백합과에 딸린 여러해살이풀입니다. 낮은 산, 높은 산을 가리지 않고, 백두산 중허리까지 흩어져 자라는 야생초입니다.
옛날 옛적 어느 어린이가 산에서 꽃을 보고,
"야, 이 꽃 예쁘다. 은방울을 달아 논 것 같네. 향기가 좋다."
하고 은방울꽃이라 이름 지었을 테지요.
땅속 뿌리줄기가 옆으로 뻗으면서 포기를 늘려 갑니다.
그래서 무더기로 자라는데, 살이 좋은 흙에서 둥굴레와 같이 자라는 경우가 많지요.
땅속줄기에는 마디가 있고 밑으로 수염뿌리가 뻗습니다.
내 키는 20~30cm쯤 되고, 땅속줄기에서 군데군데 칼집 모양의 잎이 돋아나지요. 그 잎 속에서 두 개의 잎이 또 나와 밑부분을 얼싸안고 줄기 모양을 만듭니다.
잎은 길이가 12~18cm, 너비는 3~7cm로 조빗한 타원형이며 가장자리가 밋밋하고, 끝이 뾰족합니다.
4~5월에 흰 꽃이 피는데, 하나의 기다란 꽃줄기에 짧은 꽃자루가 열 개쯤 생기고

그 끝에 예쁜 꽃이 한 송이씩 달립니다.
꽃의 길이는 5mm쯤이며, 통꽃 끝이 여섯으로 갈라지는데 그것이 뒤로 말려 예쁜 은방울 모양이 됩니다.
방울꽃을 여러 개 단 꽃줄기는 꽃 무게 때문에 비스듬히 휘지요.
꽃이 여러 개 달린 꽃이삭의 길이는, 5~10cm쯤 되고, 꽃턱잎은 작습니다. 짧은 꽃자루도 활처럼 아래쪽으로 몸을 굽히고 꽃을 답니다. 꽃도 아래쪽을 보고 달리지요.
암술 한 개에 수술은 여섯 개이며 꽃부리 밑부분에 붙어 있습니다.
9월에 빨간 열매가 여무는데 열매 하나에 세 개의 씨방이 있습니다.
근래에 우리나라에서는 꽃을 보려고 은방울꽃을 가꿉니다.
유럽에서는 5월에 은방울꽃으로 만든 꽃다발을 받으면 행복이 온다고 믿는답니다.

은방울꽃의 꽃말은 '행복', '기쁜 소식' 이지요.

백합목 백합과 | *Convallaria keiskei* Miq. | 여러해살이풀 | 우리나라 전역에서 저절로 자란다 | 꽃 피는 때 : 4~5월 | 열매 익는 때 : 9월
쓰임새 : 관상용

약재로 쓰이는
익모초

나는 익모초입니다. 몹시 쓴맛이 나지요. 꿀풀과에 딸린 두해살이풀입니다. 우리나라 들판에서 자라는 야생초인데, 집 둘레, 빈터, 풀밭, 밭둑, 냇가 등에서 흔히 볼 수 있습니다. 농가에서 약초로 가꾸기도 합니다. 백두산 낮은 지대와 압록강 두만강 유역, 고구려의 옛 땅인 송화강 지역에서도 자생합니다.

"더위 먹은 데는 익모초가 제일이다."
이런 말을 들어 보았을 테지요. 한여름에 오는 소화 불량을 '더위 먹었다' 하는데, 익모초의 줄기와 잎에서 즙을 내어 먹으면 소화 불량이 씻은 듯이 낫는다는 뜻입니다.
오랜 옛날부터 있어 온 민간요법이지요. 그러나 익모초의 맛은 쑥보다 더 써서 이맛살이 찌푸려질 정도입니다.

익모초, 나는 약초로 사람들 건강을 도와줍니다. 한방에서는 위와 장을 튼튼히 하고, 혈압을 내리며, 오줌을 걸러 주고, 피를 멎게 하는 약재로 쓰지요. 특히 부인들 건강에 효험이 크다 합니다. 익모초 곰이나 환을 만들어 놓고 복용하기도 합니다.

내 키는 1m쯤 되고, 줄기는 곧게 뻗으며, 줄기의 단면은 둔한 사각형을 이룹니다.

줄기에서 난 잎은 잎자루가 길고, 세 갈래로 깊이 갈라지며, 갈라진 잎이 다시 두세 개로 갈라지는데, 잎 가장자리에 톱니가 있습니다.

6~9월에 연한 자줏빛 꽃이 피며, 줄기 윗부분의 마디와 마디 사이에 층층으로 꽃이 여러 개 달려, 꽃이삭을 만듭니다. 옆을 향해서 피는 통꽃의 꽃부리는 그 끝이 아래 위 두 갈래로 갈라지고, 아래 것이 다시 세 개로 갈라지지요. 그 중 가운데 것이 가장 크고 붉은 줄이 있습니다.

암술 하나에 수술이 네 개인데 두 개는 길고, 두 개는 짧지요. 열매가 익는 것은 9~10월입니다.

익모초, 나는 꽃이 많고 꽃마다 꿀이 많아서 꿀벌이 즐겨 찾습니다. 그래서 벌을 기르는 분들이 좋아합니다.

익모초의 꽃말은 '어머니의 마음'입니다.

통화식물목 꿀풀과 | *Leonurus sibircus* L. | 두해살이풀 | 우리나라 전역에서 저절로 자란다 | 꽃 피는 때 : 6~9월 | 열매 익는 때 : 9~10월
쓰임새 : 약용

봄을 먼저 알리는
제비꽃

로마 신화에서 주노는 최고의 신 주피터의 아내였습니다. 그러나 주노는 질투심이 남달랐습니다. 예쁜 소녀 이아를 몹시 미워하여, 소를 만들어 버렸습니다.
그 뒤 주노는 소가 된 소녀가 가엾다는 생각을 했습니다.

"안됐다. 너를 소로 만든 것은 너무 했어. 그 대신 네가 뜯어먹을 맛있는 풀을 만들어 주마."

이렇게 하여 소가 먹을 풀을 만들었는데 그것이 제비꽃이라 합니다.

나는 제비꽃입니다. 제비꽃과에 딸린 여러해살이풀이지요. 우리나라 어디에나 길가, 언덕, 빈터, 밭둑, 풀밭에서 절로 나서 자라는 야생초이기도 합니다.
서양에서는 신화에 나올 만큼 오랜 옛날부터 사랑받은 꽃이지요. 로마 시대부터 화초로 가꾸며, 성실과 겸손을 나타내는 꽃으로 여겨 왔다 합니다.
나는 키가 다 자라도 한 뼘 높이밖에 되지 않는 작은 식물이지만, 꽃이 예쁘고 봄소식을 전하는 꽃으로 사랑받았습니다.

이른 봄 3월에 뾰족한 잎이 나오는데, 잎은 뿌리 둘레에서 모여나고, 길이가 3~8cm쯤이며, 잎자루가 있고, 조빗한 잎 가장자리에 무딘 톱니가 있습니다.
줄기는 없고, 한 포기에 꽃대가 여러 개 길게 나와서 4~5월에 꽃대 끝마다 한 송이씩 예쁜 꽃이 달립니다. 꽃대 높이는 5~20cm쯤 되며, 꽃빛깔은 보통 자주색이지만 종류에 따라 흰 바탕에 자주색 줄무늬가 있는 꽃이 피기도 합니다. 꽃이 겹으로 된 종류도 있지요. 꽃잎은 넓적하며 기다란 꿀주머니가 위쪽으로 약간 휘어져 있습니다.
꽃잎과 꽃받침이 각각 다섯 장이며 암술 한 개에 수술이 다섯 개입니다.
꽃이 지고 6~7월에 보리알 모양의 열매가 달리는데, 여물면서 차츰 노란 빛깔을 띠지요. 익은 열매는 세 갈래로 벌어져 검고 작은 씨앗을 여러 개 떨어뜨린 다음, 늦가을까지 벌어진 채 남아 있습니다.
화초로 개량한 제비꽃은 품종이 많고, 꽃빛깔도 여러 가지입니다.

꽃말은 '겸양' 입니다.

제비꽃목 제비꽃과 | *Viola mandshurica* W. Becker | 여러해살이풀 | 우리나라 전역에서 저절로 자란다 | 꽃 피는 때 : 4~5월
열매 익는 때 : 6~7월 | 쓰임새 : 관상용, 식용, 약용

가축 먹이로 쓰는 조개풀

나는 조개풀입니다.
벼과에 딸린 한해살이풀이지요. 숲 속의 도랑이나 길가의 습진 땅, 냇가나 논둑에서 무리를 지어 자랍니다.

햇볕이 잘 들고 물기가 있는 땅을 좋아하지요. 수염뿌리가 땅을 검잡고 있고, 줄기는 연해서 빳빳하게 서지 못합니다. 줄기에는 여러 마디가 있는데, 아래쪽 마디는 땅위를 기면서 닿는 데마다 뿌리를 내립니다. 위쪽 마디는 곧게 서는데, 여기에서 이삭줄기가 올라오고 그 끝에 꽃이삭이 달립니다. 땅위로 곧게 서는 부분이 20~50cm쯤 자랍니다.

잎은 어긋나고 길이는 2~6cm쯤 되지요. 잎이 잎집 모양으로 줄기를 감싸고, 잎모양은 아래쪽이 심장꼴이며, 조빗하고 끝이 뾰족합니다. 가장자리에는 물결 모양의 주름이 있습니다.

다른 벼과의 식물처럼 조개풀도 꽃잎이 없는 꽃이 피는데, 길이가 4mm쯤 되며 녹색이거나 자주색입니다. 이런 꽃이 3~20개 모여 작은 꽃이삭을 이루고, 작은 이삭 여러 개가 우산살처럼 벌어져 하나의 큰 이삭을 이룹니다. 꽃이삭의 길이는 2~5cm의 길이이며, 꽃은 8~9월에 피고, 열매는 10월에 익습니다.

조개풀, 나의 형제로 주름조개풀이 있습니다. 높이 10~30cm로 자라고, 열매가 익으면 겉이 끈적끈적해서 다른 물체에 잘 달라붙지요.

조개풀은 줄기가 부드러워서 가축의 먹이로 쓰여 왔습니다. 특히 소가 잘 먹기 때문에 목동들이 꼴 망태를 메고 와서 조개풀, 나를 베어 갔지요. 이것을 작두로 듬성듬성 썰어서 쇠죽을 끓였습니다.

조개풀은 꽃이 피었을 무렵에 뽑아서 말려, 약재로 쓰기도 합니다. 가래를 없애고 종기를 아물게 하는 효과가 있지요.

염료가 발달하지 못했던 옛날에는 옷감에 노랑물을 들이는 원료로 쓰기도 하였습니다.

벼목 벼과 | *Arthraxon hispidus* (Thunb.) Makino | 한해살이풀 | 우리나라 전역에서 저절로 자란다 | 꽃 피는 때 : 8~9월
열매 익는 때 : 10월 | 쓰임새 : 사료용, 약용

야문 땅을 좋아하는 질경이

나는 질경이입니다.
질경이과에 딸린 여러해살이풀이지요. 풀밭, 빈터, 논둑, 밭둑에 나기도 하지만 야문 땅을 찾아, 길가에서 자라기를 좋아합니다. 길가에 나면 사람들 발에 밟힙니다.
"아프겠구나. 생채기가 났어!"
하고 나를 가엾게 여길 이가 있을 테지요.
그러나 나는 이내 상처가 아물면서 일어섭니다. 소가 지나가며 밟기도 하고, 수레가 굴러가며 몸을 으깨어도 끈질기게 다시 살아나지요. 그래서 나를 차전초(車前草)라고도 하는데, 몸에 수레 자국이 나도 잘 자라는 굳센 풀이라는 뜻입니다.
질경이, 나는 땅속에 흙을 굳게 움켜잡은 수염뿌리가 있고, 원줄기는 없으며, 뿌리에서 많은 잎이 한꺼번에 돋아 옆으로 비스듬히 퍼집니다.
잎자루의 길이는 잎의 길이 정도이며, 잎은 타원형인데, 가장자리가 물결 모양입니다.
6~8월에 꽃이 피는데 잎 사이에서 기다란 꽃줄기가 나오고 작은 꽃이 여러 개 달려 꽃이삭을 이루지요. 꽃이삭의 길이는 꽃줄기 전체 길이의 절반, 또는 3분의 1이 됩니다. 꽃은 흰 빛깔이며, 통꽃인데, 위쪽이 네 갈래로 갈라져 젖혀집니다. 꽃받침도 네 개로 갈라지고 가운데에 굵은 맥이 있습니다. 암술 한 개를 둘러싼 수술 네 개가 길게 밖으로 나와 있지요.
10월에 열매가 익는데, 다 익은 열매가 옆으로 갈라지면서 6~8개의 검은 씨가 나옵니다. 씨가 떨어지기 전에 포기째 뽑아서 말린 다음, 가볍게 두들기면 까만 씨가 모두 튀어나오지요.
이것을 햇볕에 말려서 약으로 쓰면 됩니다. 씨를 달여서 차를 만들어 마시면 기침을 멈추게 하고, 오줌이 잘 걸러지며, 기관지와 위가 튼튼해진다고 합니다. 어린잎은 나물로 먹고, 다 자란 잎과 뿌리는 달여 차로 마셔도 건강에 도움이 됩니다.
꽃은 예쁘지 않지만 만병통치라 할 만큼 여러 약재로 쓰이지요.

질경이목 질경이과 | *Plantago asiatica* L. | 여러해살이풀 | 우리나라 전역에서 저절로 자란다 | 꽃 피는 때 : 6~8월 | 열매 익는 때 : 10월
쓰임새 : 식용, 약용

호랑나비와 친한 참나리

호랑나비가 좋아해서 모여드는 꽃을 아세요? 그것은 나리꽃입니다. 나리는 백합 종류를 가리키는 우리말이며, 서양에서는 '릴리'라 불러 왔습니다. 우리나라 산과 들에 피는 야생초이며 꽃이 아름답기로 이름나 있지요.

꽃에 모여든 호랑나비와 어우러진 광경은 더욱 볼 만하지요. 나는 참나리입니다. 백합과에 딸린 여러해살이풀인데, 꽃이 아름다워 옛날부터 화초로 가꾸어 왔습니다.

땅속에 마늘 모양을 한 비늘줄기가 있고 비늘줄기 밑에 수염뿌리가 납니다. 비늘줄기에서 돋아난 원줄기는 1~2m 높이로 곧게 자라고 어린 순은 흰 털로 덮여 있습니다. 잎은 개수가 많고, 어긋나며, 길이가 5~18cm로 조빗하고 끝이 뾰족합니다.

나는 다른 식물과는 달리 잎겨드랑이에 갈색 구슬 같은 살눈을 지니지요. 살눈이 땅에 떨어져 싹을 틔웁니다.

7~8월경 가지 끝과 원줄기 끝에 주황색을 띤 꽃을 한 송이씩 피우는데, 한 포기에 피는 꽃은 4~20송이쯤 됩니다.

꽃은 고개를 숙이고 피고, 여섯 장의 꽃잎은 조빗하며 길이가 7~10cm쯤입니다. 꽃잎에 갈색을 띤 검은 점이 촘촘히 박혀 있습니다.

꽃잎이 뒤로 말려 꽃술이 앞으로 드러나는데, 암술 하나에 수술이 여섯이며, 붉은빛을 띤 갈색 꽃밥이 달립니다. 호랑나비가 참나리꽃을 좋아해서 모여들지요.

꽃이 지고 9월에 열매가 열지만 거의 씨를 맺지 못하고, 살눈이 씨앗의 일을 대신합니다.

어린 싹은 나물로 먹고, 비늘줄기는 약재가 되지요.

우리나라에는 20여 종류의 나리가 있는데 털중나리, 검솔나리, 하늘나리, 땅나리, 말나리 등입니다. 울릉도에는 섬말나리가 자라고, 북부지방에는 날개하늘나리가 있습니다.

꽃말은 '순결', '존엄'이지요.

백합목 백합과 | *Lilium lancifolium* Thunb. | 여러해살이풀 | 우리나라 전역에서 저절로 자란다 | 꽃 피는 때 : 7~8월 | 열매 익는 때 : 9월
쓰임새 : 관상용, 식용

산나물로 먹는 참취

나는 취나물이라고도 불리는 참취입니다. 국화과에 딸린 여러해살이풀이지요. 취나물 종류에는 여러 가지가 있지만 대표적인 것이 참취입니다. 전국의 산에서 자라며, 높이가 1~1.5m쯤 되지요.

봄이 되면 굵고 짧은 땅속줄기에서 원줄기가 돋아나는데 사방으로 가지를 냅니다.

잎은 땅속줄기에서 나는 잎과 줄기에서 나는 잎이 있는데, 뿌리에서 나는 잎은 잎자루가 길고, 심장형이며, 가장자리에 무딘 톱니가 있습니다. 그러나 꽃이 필 때쯤 말라서 없어지지요.

줄기에서 나는 잎은 어긋나고 위로 올라갈수록 잎이 작아집니다. 아랫부분의 잎은 날개가 달린 기다란 잎자루가 있고, 길이가 9~24cm나 되지요. 잎 표면이 거칠고 털이 나며, 가장자리에 이빨 같은 톱니가 있고, 모양은 뿌리에서 난 잎과 닮았습니다.

잎의 뒷면은 털이 많아 하얗게 보이지요.

중앙부의 잎은 잎자루가 짧고, 잎모양이 둥근 세모꼴이며 끝이 뾰족합니다. 맨 위, 꽃줄기에 달린 잎은 길이가 더 짧고 원줄기에 사방으로 흩어져 나며, 꽃자루의 길이가 1~3cm쯤으로 작습니다.

8~10월에 원줄기와 많은 가지에서 대롱꽃과 혀꽃이 모인 두상화가 한 송이씩 달립니다.

하얀 혀꽃 6~8개가 노란 빛깔의 대롱꽃을 둘러싸지요.

씨는 11월에 여물지만, 거의 싹을 틔우지 못합니다.

가을이 되어 잎이 지고 나면, 잎이 돋았던 땅속줄기 자리에서 작은 새끼포기가 여럿 생기는데, 이것이 뿌리를 내려 한 포기씩 참취가 됩니다. 나는 씨가 싹을 틔우는 대신, 이런 방법으로 번식합니다. 이를 무성번식이라 하지요.

어릴 때는 잎을 취나물이라 하여 나물로 먹고, 풀 전체를 기침이나 두통 등에 약재로 씁니다.

취나물은 특히 강원도 산중에서 가장 흔한 산나물입니다. 근래에는 온실 재배를 한 취나물이 추운 겨울에도 채소 가게에 나오지요.

개미취, 나래취, 분취 등 나에게는 수많은 형제가 있습니다. 꽃밭에다 가꾸면 가을에 아름다운 꽃을 볼 수 있지요.

초롱꽃목 국화과 | *Aster scaber* Thunb. | 여러해살이풀 | 우리나라 전역에서 저절로 자란다 | 꽃 피는 때 : 8~10월 | 열매 익는 때 : 11월
쓰임새 : 식용, 관상용, 약용

열매가 옥수수자루 같은 천남성

나는 천남성입니다. 천남성과에 딸린 여러해살이풀이지요. 전국의 산속, 물기가 있고 그늘진 곳에서 자라며, 키는 15~50cm쯤입니다.

땅속의 알줄기는 양파 모양이며 크기는 밤알만합니다. 지름이 2~4cm쯤 되고, 작은 알줄기가 두세 개 달리지요.

잎은 작은잎 여러 장으로 된 겹잎이며, 작은잎은 크기가 저마다 다르지만 10~20cm 정도의 길이에 조빗하고 끝이 뾰족합니다.

5~7월에 꽃이 피는데, 꽃턱잎은 길이가 8cm쯤 되는 녹색 통처럼 생겼고, 윗부분이 모자처럼 앞으로 구부러집니다. 통 모양을 이룬 녹색 꽃턱잎에 희미한 흰색 줄무늬가 있고 꽃이삭을 감싸지요.

꽃이삭에는 꽃잎이 없는 꽃이 여러 개 빽빽이 모여 곤봉 모양을 만듭니다. 8~9월이 되면 곤봉 모양의 꽃이삭에 다닥다닥 붙은 동그란 열매가 빨간색, 주황색, 노란색으로 익어 옥수수자루 모양이 됩니다.

나는 꽃과 잎이 남다르기 때문에 화분이나 꽃밭에 심으면, 여름에는 이상한 모양의 꽃을, 가을에는 붉은 열매이삭을 볼 수 있지요.

하지만 독이 있는 풀이기 때문에 무심코 잎을 따기만 해도 가렵고 물집이 생깁니다. 함부로 먹어서는 안 되지요. 이러한 독도 잘 쓰면 약이 되기 때문에 다른 약재와 섞어서 여러 약을 만듭니다.

천남성과의 식물은 대개 독 성분이 있지만, 그 중 먹을 수 있는 것이 토란입니다. 뿌리같아 보이는 토란의 알줄기와 토란의 줄기가 고깃국에 곁들이는 재료가 되지요.

천남성에는 여러 종류가 있지만 그 중 두루미천남성은 한국 특산식물이며, 제주도와 중부, 북부지방의 산과 들에서 자랍니다. 섬천남성도 한국 특산으로 남해 거문도, 울릉도에서만 자라며 3~5월에 꽃이 핍니다.

열매

천남성   섬천남성

천남성목 천남성과 | *Arisaema amurense* var. *serratum* Nakai | 여러해살이풀 | 우리나라 전역에서 저절로 자란다 | 꽃 피는 때 : 5~7월
열매 익는 때 : 8~9월 | 쓰임새 : 관상용, 약용

초롱을 들고 있는
초롱꽃

나는 초롱꽃입니다. 춘향이 찾아가는 이도령 옆에서, 예쁜 초롱을 들고 따르는 방자를 떠올려 보세요. 그런 초롱 여러 개를 조롱조롱 들고 있는 꽃이 초롱꽃, 나입니다. 초롱을 달고 있다 해서 붙인 이름이지요.
나는 초롱꽃과에 딸린 여러해살이풀입니다. 우리나라 산 어디에서나 자라는 야생초인데, 깊은 산 숲 어귀, 살 깊은 땅을 좋아합니다.
백두산 1,500m 높이에서도 자라지요.
땅속에 향기나는 뿌리가 있고, 뿌리에서 줄기가 돋아 0.3~1m쯤으로 키가 자라고, 몸 전체에 털이 납니다.
잎은 어긋나고, 뿌리에서 나는 잎은 심장꼴에 가까운 타원형이며, 줄기에서 나는 잎은 삼각형에 가까운 타원형입니다. 가장자리에는 불규칙하고 둔한 톱니가 있습니다.
6~8월에 꽃이 피는데, 꽃은 흰색, 또는 엷은 자줏빛입니다. 꽃 안쪽에 자줏빛 반점이 있고, 긴 꽃자루 끝에 길이 4~5cm쯤 되는 초롱 모양의 통꽃이 아래를 향해 달립니다. 통꽃 끝이 다섯 개로 갈라지고, 꽃받침도 다섯으로 갈라집니다. 꽃받침 뒤에 꽃받침을 뒤로 젖힌 듯한 것이 있는데 이를 부속체라 하지요.
암술 한 개에 수술은 다섯 개이고, 암술에 이어진 씨방이 있습니다.
9~10월에 열매가 여무는데, 열매가 쪼개지면서 작고 갸름한 씨가 떨어집니다.
우리나라에는 나의 형제가 여럿 있는데, 자주초롱꽃, 금강초롱꽃, 섬초롱꽃, 풍경초롱꽃 등입니다. 금강초롱꽃은 우리나라에만 있는 특산식물인데, 남보랏빛 꽃이 빼어난 미인처럼 아름답지요. 섬초롱꽃은 울릉도 바닷가에 자생하는 꽃으로, 키가 초롱꽃보다 크고, 꽃잎에 자주색 반점이 많이 있습니다.
초롱꽃이 어릴 때는 나물로 먹거나, 조미료를 넣고 볶아 먹기도 하지요. 편도선염, 인후염, 기침 등에 약으로 쓰이기도 합니다.
근래에는 꽃을 보려고 화초로 많이 가꿉니다.

꽃말은 '기도', '천사' 입니다.

초롱꽃목 초롱꽃과 | *Campanula punctata* Lam. | 여러해살이풀 | 우리나라 전역에서 저절로 자란다 | 꽃 피는 때 : 6~8월
열매 익는 때 : 9~10월 | 쓰임새 : 관상용, 식용, 약용

꽃길을 만들어 주는
코스모스

나는 코스모스입니다. 국화과에 딸린 한해살이풀이지요. '코스모스'라는 내 이름은 그리스 말에서 온 것인데 '우주' 또는 '질서와 조화를 지닌 우주'라는 뜻입니다. 풀이름으로는 놀라울 만큼 큰 이름이지요.
코스모스의 원산지는 그리스가 아닌 북아메리카 대륙, 멕시코입니다. 우리나라에 옮겨와 이제는 완전히 한국의 식물이 되었지요. 이처럼 먼 나라 원종이 와서 우리나라 식물이 된 것을 귀화식물이라 하지요.
사람들은 귀화식물인 나를 심어, 길가 언덕, 빈터, 집 둘레, 마을 둘레를 아름답게 꾸밉니다. 특히 길가 양쪽에 심어 두면 가을에 아름다운 꽃길이 되지요. 한 번 길에 심어 놓으면 그 씨가 떨어져 해마다 꽃길을 만듭니다.

코스모스 꽃길
산을 넘는 고갯길
그리운 옛 얼굴이
눈에 삼삼 떠오릅니다.

박화목 선생의 동요, '코스모스 고갯길' 한 구절에서는 코스모스 꽃길 따라 산을 넘으며 옛 동무를 떠올립니다.
내 키는 1~2m쯤이며 원줄기는 많은 가지를 냅니다.
잎은 마주나며, 깃꼴로 갈라진 잎이 한 번 더 깃꼴로 가늘게 갈라집니다.
하지가 지나 낮이 짧아지면 꽃이 피기 시작하지만 나의 전성기는 역시 가을입니다.
원줄기와 가지 끝에 두상꽃차례의 꽃송이가 하나씩 달리는데, 꽃송이 가장자리에 피는 혀꽃과 중심부에 모인 대롱꽃으로 이루어지지요.
꽃잎이 큰 혀꽃 6~8개가 두상화 둘레에서 꽃모양을 만드는데, 품종에 따라 빨강, 분홍, 흰색 등 여러 빛깔입니다. 대롱꽃은 꽃밥의 색깔 때문에 어느 꽃이나 노란 빛깔입니다.
10~11월에 뾰족한 새의 부리 모양을 한 씨가 대롱꽃이 진 자리에 달립니다.
코스모스, 나는 어린이의 친구로 동시의 글감이 되기도 하지요.

초롱꽃목 국화과 | *Cosmos bipinnatus* Cav. | 한해살이풀 | 원산지는 멕시코. 우리나라 전역에서 저절로 자란다 | 꽃 피는 때 : 7~10월
열매 익는 때 : 10~11월 | 쓰임새 : 관상용, 약용

토끼가 좋아하는 토끼풀

여러분은 토끼풀이 있는 풀밭에서 네잎토끼풀을 찾아본 일이 있을 테지요. 토끼풀은 보통 세 잎이지만 드물게는 네 잎이 돋아납니다. 네잎토끼풀을 찾으면 행운이 온다고들 하지요. 그 네 잎은 희망, 신앙, 사랑, 행복을 나타냅니다. 이와는 달리 세잎토끼풀은 사랑, 용기, 슬기를 나타낸다고 합니다.

유럽에서는 특히 6월 24일에 뜯은 토끼풀이 악마를 물리치고 행운을 가져다준다고 믿는 곳이 있다 합니다.

나는 토끼풀입니다. 콩과에 딸린 여러해살이풀이지요. 유럽 원산으로, 특히 아일랜드에서는 나라꽃으로 삼았으며, 그 나라 역사와 관계가 깊다 합니다.

유럽에서 '클로버'라 부르던 나를 우리나라에서 '토끼풀'이라 한 것은 토끼가 잘 먹기 때문입니다. 우리나라에는 원래 토끼풀이 없었는데 가축의 먹이로 들여와 가꾸던 것이 이제는 자생하는 풀이 되었습니다. 특히 잔디밭과 냇가의 언덕, 산의 가장자리, 밭둑, 빈터 등 햇빛이 잘 드는 곳에서 자라지요.

키는 30~60cm쯤이며, 줄기는 밑동에서 가지를 치면서 땅위로 벋고, 마디에서 뿌리를 내립니다. 그러니 어디서나 무리를 지어 살지요.

잎은 듬성듬성 어긋나게 붙고, 잎자루는 5~15cm나 되게 길며, 잎맥이 뚜렷하고, 잎 모양은 작은잎 석 장으로 된 겹잎입니다. 석 장의 작은잎은 타원형이고, 가장자리에 잔톱니가 있습니다.

꽃은 4~7월에 피고, 흰 색깔이며, 긴 꽃줄기 끝에 여러 꽃이 모여 두상꽃차례를 이루지요. 꽃자루는 20~30cm에 이르며, 꽃은 시든 다음에도 떨어지지 않고, 말라서 열매를 둘러쌉니다.

열매는 9월에 익으며, 가는 꼬투리 속에 갈색 씨앗이 4~6개 들어 있습니다.

토끼풀, 나는 가축의 먹이로 쓰이기도 하지만 약의 재료도 되지요. 보통 하얀 꽃이 많지만, 붉은 꽃이 피는 것도 있습니다.

장미목 콩과 | *Trifolium repens* L. | 여러해살이풀 | 원산지는 유럽. 우리나라 전역에서 저절로 자란다 | 꽃 피는 때 : 4~7월
열매 익는 때 : 9월 | 쓰임새 : 사료용, 약용

패랭이 모양의 예쁜 꽃

패랭이꽃

나는 패랭이꽃입니다. 석죽과에 딸린 여러해살이풀이지요. 꽃모양이 옛날 하층민이 쓰던 패랭이를 닮았다 해서 붙인 이름입니다. 전국의 길가, 산기슭, 언덕, 풀밭 등에서 자라며, 중국이나 일본에서도 자생하고 있다 합니다.

나의 키는 30~40cm쯤이며, 풀 전체가 흰빛이 도는 녹색입니다. 가늘고 단단한 줄기에 대나무처럼 마디가 있고, 줄기 끝에 몇 개의 가지를 냅니다.

잎은 마디에서 마주나고, 길이가 3~4cm, 너비는 1cm가 못 되는 조붓하고 끝이 뾰족한 모양입니다.

6~8월에 줄기와 가지 끝에 한 송이씩 꽃이 피는데, 꽃잎은 분홍색 바탕에 흰 무늬가 있고, 다섯 장 꽃잎은 끝이 톱니 모양으로 얕게 갈라집니다. 꽃은 좁고 긴 꽃받침통에 들어 있는데, 그 밑에 네 장의 작은 꽃턱잎이 있습니다. 암술대가 두 개, 수술은 열 개이지요.

열매는 9~10월에 익으며, 꽃이 진 자리에 꼬투리가 달리며, 꼬투리가 벌어져 씨가 떨어집니다. 씨는 작아서 약한 바람에도 멀리까지 날아가 번식합니다.

나는 길을 내려고 산허리를 잘라낸 돌틈이나 메마르고 흙이 얕은 곳에서도 잘 자랍니다.

패랭이꽃, 나를 살펴보면 꽃모양을 빼고는 잎과 줄기가 카네이션을 닮았지요. 패랭이꽃을 원예종으로 개량하여 겹꽃으로 만든 것이 카네이션이기 때문입니다. 이 밖에도 원예종으로 개량한 패랭이꽃이 많은데, 꽃 색깔이 여러 가지입니다.

나와 형제간인 종류도 여러 가지 있지요. 수염패랭이, 흰패랭이, 갯패랭이, 술패랭이, 난쟁이패랭이, 장백패랭이 등입니다.

이 중 장백패랭이는 백두산과 북부지방 산에서 자라며, 꽃패랭이는 꽃이 유난히 아름답고 키가 1m나 되는 패랭이꽃 종류인데 관상용으로 가꾸기에 알맞습니다.

패랭이꽃, 나는 석죽(石竹)이라는 이름으로도 불리며, 한방에서는 눈병, 늑막염 등 여러 병에 약재로 쓰기도 합니다.

꽃말은 '위급' 이지요.

중심자목 석죽과 | *Dianthus chinensis* L. | 여러해살이풀 | 우리나라 전역에서 저절로 자란다 | 꽃 피는 때 : 6~8월
열매 익는 때 : 9~10월 | 쓰임새 : 관상용, 약용

남쪽 섬 바위에 붙어사는 풍란

나는 풍란입니다. 난초과에 딸린 늘푸른 여러해살이풀이지요.

내가 사는 곳은 우리나라 남부지방입니다. 바닷가의 낭떠러지나 바위, 나무줄기에 붙어서 살지요. 굵은 뿌리가 많이 나 있어서 이것으로 바위나 나무줄기를 검잡습니다. 흙 속에 뿌리를 박고 물기와 거름기를 빨아들이는 다른 식물과는 아주 다르지요. 굵은 뿌리에는 물을 갈무리하고 있어서 바위를 붙잡고도 오래 견딜 수 있습니다.

잎은 어긋나고, 길이는 5~10cm쯤 되며, 조빛하고 끝이 뾰족한 모양입니다. 아래 위의 잎이 서로 포개진 듯이 모이고, 활처럼 뒤로 휘어집니다. 잎이 달린 부분에 마디가 있어서 이것을 세면 나이를 알 수 있지요.

7월에 향기가 짙은 꽃이 피는데, 밑부분에 있는 잎집 사이에서 3~10cm 되는 꽃줄기가 나오고, 그 끝에 하얀 꽃이 하나씩 달립니다. 꽃지름은 1.5cm쯤이며, 꽃잎은 다섯 장이며, 석 장은 뒤를, 두 장은 아래쪽을 향합니다.

꽃 뒤에 기다란 꿀주머니가 나는데, 꽃잎보다 서너 배 길지요. 마치 꽃에 꼬리가 달린 듯 아주 재미있는 모양입니다.

열매는 9~10월에 익으며 지름이 3cm쯤 되는 타원꼴입니다.

사람들이 귀한 풍란을 캐어갈 수도 있으므로, 섬의 바위나 나무에 붙어서 강한 생명력을 보여 주는 남쪽 섬 특산인 나를 보호하자는 운동이 벌어지고 있습니다.

화원에서 가꾼 풍란이나 개량종을 꽃가게에서 살 수 있지요. 가정에서 화분에 풍란을 기를 때는 안개가 많고, 바닷물에서 풍기는 습기가 있는 남쪽 바다와 비슷한 환경을 만들어야 합니다.

나와는 사촌뻘 되는 난초가 나도풍란입니다. 잎이 내 것보다 넓고 꿀주머니가 길지 않으며, 하나의 꽃줄기에 여러 송이가 달리는데, 꽃잎에 분홍색 점이 있지요.

난초목 난초과 | *Neofinetia falcata* (Thunb.) Hu | 늘푸른 여러해살이풀 | 우리나라 남부지방에서 저절로 자란다 | 꽃 피는 때 : 7월
열매 익는 때 : 9~10월 | 쓰임새 : 관상용

할머니의 전설을 지닌 할미꽃

딸 셋을 길러 시집보낸 할머니가 있었습니다. 아들이 없었습니다. 혼자 살 수가 없어서 맏딸과 둘째딸네 집을 찾아갔더니 잘살면서도 반가워하지 않았습니다. 할 수 없이 할머니는 막내딸을 찾아가기로 했습니다. 막내딸은 가난했지만 효녀였습니다.
지팡이를 짚고 허위허위 걸어가던 할머니가 막내딸 집이 보이는 고개에서 쓰러져 숨을 거두고 말았습니다.
막내딸이 달려와 슬피 울면서 할머니의 무덤을 만들었습니다. 봄이 되자 무덤가에 처음 보는 꽃 한 포기가 피었습니다.
할머니의 영혼이 꽃이 되었다 하여 '할미꽃' 이라 불렀습니다.

나는 할미꽃입니다. 미나리아재비과에 딸린 여러해살이풀이지요. 우리나라 중부와 남부지방에서 많이 자라는데, 양지바른 산기슭, 잔디밭, 풀밭에서 자생하며, 메마르고 흙이 얕은 땅에서도 잘 견딥니다.
이른 봄 다른 식물이 아직 잠들어 있을 때 먼저 피어나 봄소식을 전해 주지요.
곧은뿌리를 땅속 깊이 뻗고, 이른 봄에 잎과 여러 개의 꽃대가 올라옵니다. 잎은 뿌리에서 모여나며, 잎자루가 길고, 날개 모양으로 갈라집니다.
꽃대에 한 송이씩 고개를 숙인 꽃이 피며, 꽃잎은 여섯 장인데, 꽃빛깔은 검은 자주색이고 꽃잎 바깥쪽은 흰 털이 덮여 있습니다. 꽃대는 30~40cm쯤 자라며, 꽃이 피고 한 달 뒤에는 꽃잎이 떨어진 자리에 암술머리가 은발(은백색 머리칼)처럼 늘어집니다. 며칠이 지나면 암술머리가 하얗게 부풀어 백발 할머니 모습이 되지요.
다시 며칠 뒤, 암술머리 아래쪽 씨방에서 까만 씨가 익는데, 씨 하나하나가 흰 머리칼 같은 암술머리를 달고 멀리 날아서 흩어집니다.

할미꽃의 꽃말은 '슬픔', '추억' 입니다.

미나리아재비목 미나리아재비과 | *Pulsatilla koreana* Nakai | 여러해살이풀 | 우리나라 전역에서 저절로 자란다 | 꽃 피는 때 : 4~5월
열매 익는 때 : 6~7월 | 쓰임새 : 관상용, 약용

뜰과 꽃밭에 심어 가꾸는 식물

과꽃
국화   수련
군자란   아마릴리스
꽈리   연꽃
나팔꽃   접시꽃
백일홍   채송화
백합   칸나
봉숭아   툴립
부레옥잠   팬지
분꽃   해바라기
            히아신스

예부터 우리 선조들은 뜰을 중요하게 여겨 온갖 식물을 뜰에 심어 가꾸었습니다. 따뜻한 봄의 뜰에는 온갖 꽃이 핍니다. 봄은 일 년 중 가장 화려하고 아름다운 계절입니다.

봄에 피는 수선화나 튤립 같은 것은 모두 지난해 가을에 알뿌리를 심어 둔 것입니다. 이것들은 추위를 거치지 않으면 꽃이 피지 않는 식물입니다. 봄에 피는 꽃은 대부분 다 피고 나면 열매를 맺어서 씨가 생깁니다. 좋은 씨를 받아서 다음해에 또 가꿀 수 있습니다. 꽃이 다 핀 뒤에도 알뿌리나 씨를 잘 보관해 두어야 아름다운 뜰을 만들 수 있습니다.

여름이 되면 햇살도 뜨겁고 더위도 심해져 더위나 햇빛을 좋아하는 식물이 잘 자랍니다. 해바라기, 백일홍, 채송화, 나팔꽃, 봉숭아, 분꽃 같은 꽃은 봄에 씨를 심어 여름에 꽃이 핀 것이고, 봄에 알뿌리를 심은 아마릴리스, 칸나도 이때 꽃을 피웁니다.

하늘이 파랗게 맑고 아침저녁 선선해지는 가을이면 국화나 코스모스가 핍니다. 가을에 피는 국화나 코스모스도 모두 봄에 씨를 뿌리거나 싹을 심어야 합니다. 부지런한 사람이 아름다운 뜰을 즐길 수 있겠지요.

백두산이 원산지인 과꽃

과꽃이라면 어효선 노랫말, 권길상 곡의 동요가 떠오를 테지요.

올해도 과꽃이 피었습니다.
꽃밭 가득 예쁘게 피었습니다.
누나는 과꽃을 좋아했지요.
꽃이 피면 꽃밭에서 아주 살았죠.

나는 과꽃입니다. 국화과에 딸린 한해살이풀입니다. 당국화, 취국화 등 다른 이름으로 불리기도 합니다. 원래 나는 우리나라 북부지방인 부전고원과 백두산, 고구려의 옛 땅 만주지방에 자생하던 들꽃이었습니다. 우리나라 원산인 나, 과꽃은 18세기에 유럽으로 전해져, 프랑스와 독일, 영국에서 화초로 개량되었습니다. 들꽃으로 자생할 때는 여러해살이풀이었는데, 화초가 되고부터 목숨이 짧아져 한해살이풀이 됐어요.

꽃모양은 국화와 비슷하며, 하양, 빨강, 분홍, 자주색과 이들 색깔이 섞인 꽃이 핍니다. 그러나 아직도 노랑색 꽃으로는 개량하지 못했습니다.

내 키는 30~100cm쯤이고, 자라면서 줄기에서 가지를 많이 냅니다.
4월 중순에 씨를 심고, 7~9월 사이에 기다란 꽃대 끝에 지름 6.5~7.5cm 크기의 꽃이 한 송이씩 핍니다. 10~11월에는 씨가 여물지요.

옛날 백두산 골짜기 마을에 남편을 여읜 과부가 아들 하나를 기르며 살았습니다.
과부는 뜰에다 하얀 빛깔의 꽃을 가꾸었는데, 그것이 과꽃이었습니다.
어느 날 꿈에, 그 꽃 속에서 죽은 남편의 화신이 나타났는데 과부는 반가워하며 남편과 이야기를 나누었습니다. 그런데 꿈을 깨고 보니 뜰에 심은 하얀 꽃이 분홍빛으로 바뀌어 있었습니다.
훗날 아들은 자라서 무관이 되었고, 과부는 오랑캐에게 잡혀갔습니다. 아들이 오랑캐를 무찌르고 어머니를 구한 뒤, 어머니가 갇혀 있던 집터에서 자줏빛 과꽃을 발견했습니다.
이 전설로 보아, 과꽃은 야생화로 있을 때도 여러 색깔이었음을 알 수 있습니다.

초롱꽃목 국화과 | *Callistephus chinensis* (L.) Nnees | 한해살이풀 | 우리나라 북부지방에서 절로 자라며 전역에서 심어 가꾼다
꽃 피는 때 : 7~9월 | 열매 익는 때 : 10~11월 | 쓰임새 : 관상용, 식용, 약용

향기의 가을꽃

국화

나는 가을을 대표하는 꽃이며, 향기의 꽃인 국화입니다. 국화과에 딸린 여러해살이풀이지요. 한국과 중국이 원산지이며, 한국을 포함한 동양에서 가장 오래도록 관상식물로 가꾸어 왔습니다.

한국에서는 국화를 매화, 난초, 대나무와 함께 사군자(四君子)라 하여 고결한 식물로 여기면서 시와 그림의 대상으로 삼아 왔습니다. 사군자란 품위를 지닌 네 가지 식물이라는 뜻인데, 그림의 한 갈래가 되기도 하였습니다.

재배하는 국화는 키가 1m쯤이며 여러 품종이 있습니다. 잎은 어긋나고, 9~10월에 원줄기 윗부분과 가지 끝에 머리 모양의 봉오리가 생긴 뒤, 한 송이 꽃으로 피어납니다.

꽃의 배열은 두상꽃차례이며, 꽃송이의 크기로 봐서 대국, 중국, 소국으로 구분하기도 하지요.

관상용은 대부분 씨를 맺지 못하므로 눈꽃이, 꺾꽂이, 포기 나누기 등으로 번식을 합니다.

꽃빛깔은 품종에 따라 노랑, 하양, 자주, 빨강 등 여러 가지가 있지만, 옛적부터 노랑 국화를 으뜸으로 여겼습니다.

국화, 나는 꽃을 감상하는 외에 약재로 쓰고, 꽃을 말려서 베갯속이나 이불에 넣기도 하며, 국화주를 담그는 데 쓰기도 합니다.

옛날 중국에 자동(玆童)이라는 사람이 있었는데 국화주를 즐기다 보니 800살을 살았다 합니다. 이 비법이 위(魏)나라 문제(文帝) 임금에게 전해져 그 임금도 국화주를 마시고 오래 살았다 합니다.

우리나라 산과 들에는 산국, 감국, 뇌향국 등 여러 야생국화가 자랍니다.

국화, 나를 노래한 많은 시가 있지요.

한 송이 국화꽃을 피우기 위해
봄부터 소쩍새는
그렇게 울었나 보다.

한 송이 국화꽃을 피우기 위해
천둥은 먹구름 속에서
또 그렇게 울었나 보다.
<서정주, '국화 옆에서' 앞부분>

꽃말은 '밝음', '고상함' 입니다.

초롱꽃목 국화과 | *Chrysanthemum morifolium* Ramat | 여러해살이풀 | 우리나라 전역에서 저절로 자라거나 심어 가꾼다
꽃 피는 때 : 9~10월 | 열매 익는 때 : 10~11월 | 쓰임새 : 관상용, 식용, 약용

난초 같지만 수선화과에 딸린 군자란

나는 군자란입니다. 사람들은 나를 난초의 한 갈래라 생각할 테지요. 그러나 수선화과에 딸린 여러해살이풀이며, 원예식물입니다. 원산지는 먼 아프리카 희망봉 근처이며, 우리나라에 와서 귀화식물이 되었습니다. 원산지와는 기후가 달라 온실이나 집 안에서 화분에다 가꾸고 있습니다.

굵고 튼튼한 뿌리는 물을 지니고 있어서 물을 자주 주지 않아도 잘 견딥니다.

줄기가 없고 잎은 뿌리에서 직접 나오는데, 좌우로 두 장씩 나와 가지런히 자라다가 양쪽으로 휘어집니다.

짙은 녹색인 잎은 겉이 반들반들하고 두껍지요. 길이 40cm, 너비 5cm가량 크기의 잎이 16~20장 나오는데 깨끗하고 아름다운 모양을 지니고 있습니다.

12월에서 3월 사이에 밋밋하고 굵은 꽃자루가 길게 나오고, 그 끝에 백합꽃을 닮은 나팔 모양의 꽃이 12~20송이쯤 달립니다.

꽃잎은 아래쪽이 서로 붙어 있고, 위쪽이 여섯 갈래로 깊이 갈라지고, 수술도 여섯 개입니다. 꽃 색깔은 바탕이 주황색이지만 안쪽은 노랑색입니다. 꽃봉오리일 때는 파랗다가 점점 주황색으로 바뀌지요.

열매는 5~6월에 익는데 길이가 2.5cm쯤이며 붉은 빛깔입니다.

군자란, 나는 꽃뿐만 아니라 아름다운 잎이 화초의 가치가 있어 인기가 높습니다. 강한 햇빛을 싫어하므로 반그늘에 바람이 잘 통하는 곳에서 재배를 합니다. 씨앗을 뿌리면 4년이 지나야 꽃을 볼 수 있기 때문에 포기를 나누어 옮겨 심는 것이 시간 절약이 되지요. 그러나 많은 양을 가꾸려면 씨를 뿌려서 가꾸어야 합니다.

군자란, 나를 화분에 가꿀 때는 물을 가끔씩 주되, 한 번 줄 때 충분히 주어야 합니다. 자라는 데 알맞은 온도는 낮 기온이 섭씨 25도, 밤 기온 15도 정도이며, 섭씨 2~3도의 기온이면 겨울을 날 수 있습니다.

나의 뿌리는 가래를 없애고 열을 내리는 효능이 있고, 백일해 등에 약재로 쓰입니다.

백합목 수선화과 | *Clivia miniata* Regel | 여러해살이풀 | 원산지는 남아프리카. 우리나라 가정이나 온실에서 심어 가꾼다
꽃 피는 때 : 12~3월 | 열매 익는 때 : 5~6월 | 쓰임새 : 관상용, 약용

꽈르르 소리 내는 꽈리

저고리도 바지도 빨간, 꽈리.
얼굴까지 새빨간, 익은 꽈리.
너무너무 예뻐서 입 맞춰 주면,
기쁘다고 꽈르륵 소리 내지요.
<한정동, '꽈리'>

1931년에 방정환 선생이 낸 『어린이』지에 발표한 한정동 선생의 동요 '꽈리'를 읽으면 옛날 어린이도 꽈리를 놀잇감으로 하였음을 알 수 있습니다.

나는 꽈리입니다. 가지과에 딸린 여러해살이풀이지요. 마을의 빈터나 길가에서 자라기도 하지만 화초로 꽃밭이나 담 밑에 심기도 합니다.
나는 땅속줄기가 길게 뻗어서 번식하며, 줄기는 곧게 서고 가지를 치지요.
키는 40~90cm쯤 됩니다.
한 곳에 두 개씩 달리는 잎은 어긋나며, 잎자루가 있고, 잎모양은 달걀 모양에 가까운 타원형인데 가장자리에 톱니가 있고 끝이 뾰족합니다.
잎 길이는 5~12cm쯤 되고, 너비는 3.5~9cm쯤 되지요.

7~8월에 지름 1.5cm쯤 되는 연노랑 빛깔의 꽃이 피는데, 잎겨드랑이에서 나온 꽃자루에 한 송이씩 달립니다. 꽃자루는 3~4cm쯤이고, 꽃받침은 짧은 원처럼 생겼습니다. 끝이 얕게 다섯 개로 갈라지고, 가장자리에 털이 나지요.
꽃이 핀 다음, 꽃받침이 자라서 주머니 모양이 되어 열매를 둘러쌉니다.
열매는 둥글고 지름이 1.5cm쯤 되며 초록 빛깔이었다가 노란 빛깔을 거쳐 차츰 빨갛게 익지요. 열매를 둘러싼 꽃받침도 차츰 열매의 빛깔과 같이 달라집니다.
빨갛게 익은 꽈리에서 씨를 빼고, 입에 넣은 다음, 공기를 채웠다가 아랫입술과 윗니로 지그시 누르면 "꽈르르" 소리가 납니다. 이 소리가 재미나서 어린이들이 꽈리를 놀잇감으로 합니다. 자연에서 얻은 놀잇감이지요.
요즘은 꽈리, 나를 본따서 만든 고무꽈리가 장난감 가게에서 팔립니다.
한방에서는 풀 전체를 말려서 열을 내리는 약재로 씁니다.

통화식물목 가지과 | *Physalis alkekengi* var. *francheti* (Masters) Hort. | 여러해살이풀 | 우리나라 전역에서 심어 가꾼다
꽃 피는 때 : 7~8월 | 열매 익는 때 : 9~10월 | 쓰임새 : 관상용, 식용, 약용

열매

꽃

줄타기 선수 나팔꽃

나는 나팔꽃입니다. 메꽃과에 딸린 덩굴식물이며, 한해살이풀이지요.
아시아 원산으로 우리나라에서는 오래도록 관상식물로 가꾸어 왔습니다.

이른 봄에 꽃밭이나 울타리 밑에 꽃씨를 심기도 하지만, 가을에 떨어진 씨가 봄이 되어 절로 싹트기도 합니다.
여러분은 교실 앞 꽃밭에 나팔꽃을 심고 줄을 매어, 창문으로 덩굴을 올려 보았을 테지요. 줄을 감고 오르며 자라는 나를 관찰하면서 나팔꽃은 줄타기 선수라 생각했을 겁니다.
나팔꽃, 나는 덩굴로 물체를 감을 때 반드시 왼쪽으로 감으면서 3m쯤까지 뻗어갑니다.

줄기와 잎에 까슬까슬한 털이 많이 나는 것은 해충을 막고, 미끄럼을 막기 위해서입니다.
잎은 어긋나고, 모양은 심장꼴이며 세 갈래로 갈라지는데 잎자루가 길지요.
꽃은 여름인 7~8월부터 피기 시작하고 품종에 따라 흰색, 붉은색, 자주색 따위 여러 빛깔이 있으나 보라색이 기본입니다. 꽃봉오리는 붓끝 같은 모양이며 오른쪽으로 말려 주름이 져 있습니다. 수술은 다섯 개, 암술은 한 개입니다.

새벽 세 시에 꽃이 맺기 시작하여 날이 새는 시간인 아침 다섯 시면 활짝 피어나는데, 꽃 모양은 어느 것이나 나팔꼴입니다.
일찍 일어나서 나팔꽃을 보면 꽃 속에서 "따따따 따따따" 하고 아침 나팔 소리가 들리는 듯하지요.

잠꾸러기 그만 자고 일어나라고
나팔꽃이 또또 따따 나팔 불어요.
<김영일 노랫말, 박태현 곡 '나팔 불어요' 일부>

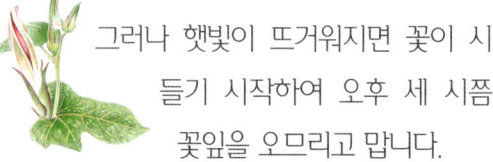

그러나 햇빛이 뜨거워지면 꽃이 시들기 시작하여 오후 세 시쯤 꽃잎을 오므리고 맙니다.
9~10월에 열매가 익어 까만 씨가 떨어집니다.

옛날, 어느 화공의 아내가 억울한 옥살이를 하게 되었습니다. 아내가 보고 싶은 화공이 몰래 감옥 창밑에 꽃 그림을 묻었습니다. 그것이 나팔꽃이 되어 창문까지 기어올랐다는 전설이 있지요.

꽃말은 '결속', '허무한 사랑' 입니다.

통화식물목 메꽃과 | *Pharbitis nil* Choisy | 한해살이 덩굴풀 | 원산지는 인도. 우리나라 전역에서 저절로 자라거나 심어 가꾼다
꽃 피는 때 : 7~8월 | 열매 익는 때 : 9~10월 | 쓰임새 : 관상용, 약용

백일 동안 피어 있는 백일홍

독일의 여행가 진이라는 사람이 북아메리카 멕시코로 여행을 갔습니다. 산과 들을 살피던 중, 풀밭에서 아주 예쁜 꽃을 발견했습니다. 이곳 사람들이 잡초라며 거들떠보지도 않는 꽃이었습니다.

"이 꽃을 화초로 가꾸면 좋겠는데."

그는 꽃씨를 받아, 자기 나라로 돌아가 이 꽃을 개량하여 관상용 식물로 길렀습니다.

나는 이렇게 하여 세계 사람들에게 사랑받게 된 백일홍입니다.

"노랑꽃도 피고, 빨강꽃도 피네. 저것은 분홍, 이건 자줏빛이야."

하고 어린이들이 여러 빛깔의 꽃이 피는 나를 좋아하지요. 교실 앞 꽃밭에서 예쁜 꽃을 피워 학교를 꾸며 줍니다.

나는 국화과에 딸린 한해살이풀입니다.

"붉은 꽃이 백 일이나 피어 있네. 백일홍(百日紅)이라 하자."

사람들이 시들지 않고 오래 피는 걸 칭찬하여, 예쁜 이름까지 지어 주었습니다.

내 키는 60~90cm쯤 되고, 16~30도 되는 비교적 높은 기온에서 잘 자라지요. 햇빛이 잘 들고 물빠짐이 좋은 땅을 좋아합니다. 4월쯤에 꽃씨를 뿌리면 6월부터 꽃이 피기 시작하여 10월까지 꽃이 핍니다. 초여름에서 가을까지 꽃을 볼 수 있지요.

잎은 마주나고, 잎자루가 없으며, 갸름한 타원형인데 끝이 뾰족합니다.

긴 줄기 끝에 많은 꽃이 모여 머리 모양의 한 송이 꽃을 이루는데, 이런 모양의 꽃을 두상화(頭狀花)라 합니다.

꽃송이의 지름은 5~15cm 정도이며, 품종에 따라 색깔이 다릅니다.

꽃송이 크기를 보아, 대륜(大輪), 중륜, 소륜으로 품종을 나누기도 하지요.

씨가 익는 때는 서리가 내리는 11월입니다. 이때 씨를 받아 간수해 두었다가 이듬해 꽃밭에 뿌리면 다시 꽃을 감상할 수 있지요. 나는 잡초를 개량하여 화초로 만든 본보기랍니다.

꽃말은 '떠난 친구를 그리워한다.' 입니다.

초롱꽃목 국화과 | *Zinnia elegans* Jacq. | 한해살이풀 | 원산지는 멕시코. 우리나라 전역에서 심어 가꾼다 | 꽃 피는 때 : 6~10월
열매 익는 때 : 11월 | 쓰임새 : 관상용

희고 순결한 백합

나는 백합입니다. 백합과에 딸린 여러해살이풀이지요. 우리나라에서는 '나리꽃'이라고도 불러 왔습니다. 우리나라에는 여러 종류의 백합이 피어서 여름 산천을 아름답게 꾸며 줍니다. 특히 동아시아 여러 나라에서 많은 종류의 백합이 자생한다 합니다. 이들 모두가 백합의 식구입니다. 그러나 원예식물로 가꾸는 종류의 백합은 원산지가 일본으로 알려져 있습니다.

백합(百合)이라는 내 이름은, 마늘 모양의 땅속 비늘줄기가 여러 조각인 데서 붙여진 이름이지요. 100조각이 될 만치 조각이 많다는 뜻입니다.

전 세계에 100종 이상의 백합이 있는데 개량한 품종이 3천 500가지나 되고, 해마다 많은 개량종이 나온다고 합니다. 그러므로 어느 한 품종을 들어서 전체의 백합을 이야기할 수는 없지요. 우리나라에만 해도 참나리, 말나리, 하늘나리, 털중나리 등 여러 종류의 야생종이 있으니까요.

이 중에서도, 나는 관상용으로 많이 기르는 흰 빛깔의 나팔백합입니다.

내 키는 0.6~1m쯤이며 땅속 비늘줄기의 지름이 5~20cm가 됩니다. 비늘줄기에서 가는 수염뿌리가 땅속으로 뻗습니다.

잎은 어긋나며 길이가 10~15cm쯤 되는데, 너비는 좁고, 끝이 뾰족하며 잎자루는 없지요.

꽃은 5~6월에 피는데 줄기 끝에 두세 송이의 꽃이 달립니다.

하얀 빛깔인 꽃은 나팔 모양인데 노란 꽃밥을 단 수술 여섯 개와 암술 하나가 있습니다.

꽃덮이 속에 꿀을 내보내는 작은 구멍이 있고, 꽃이 피고 몇 시간 지나면 꽃밥이 터져 꽃가루가 흩어집니다.

8~9월에 납작한 타원형의 열매가 익지요.

내 형제의 하나인 참나리는 우리나라 산에 자생하는 백합으로 빨간 꽃잎에 호랑이 얼룩무늬가 있습니다.

백두산에도 참나리꽃이 피어 길손을 반긴다니 나라 전체가 백합 꽃밭이지요.

나의 꽃말은 '순결'과 '존엄' 입니다.

백합목 백합과 | *Lilium longiflorum* Thunb. | 여러해살이풀 | 원산지는 일본. 우리나라 전역에서 심어 가꾼다 | 꽃 피는 때 : 5~6월
열매 익는 때 : 8~9월 | 쓰임새 : 관상용, 식용

손톱에 꽃물들이는
봉숭아

비 오자 장독간에 봉선화 반만 벌어
해마다 피는 꽃들 나만 두고 볼 것인가?
세세한 사연을 적어 누님께로 보내자.

누님이 편지 보고 하마 울까 웃으실까
눈앞에 삼삼이는 고향집을 그리시고
손톱에 꽃물들이던 그날 생각하시리
<김상옥, '봉선화' 1·2연>

나는 봉숭아, 봉선화라고도 부릅니다. 봉선화과에 딸린 한해살이풀이지요. 인도, 말레이시아, 중국 등이 원산지이며 우리나라에 화초로 들여와 가꾸게 되었습니다.
나의 키는 50cm쯤이며, 줄기와 잎에 털이 없고, 곧게 자라며 가지를 많이 칩니다.
잎은 어긋나고, 길이 8~10cm, 너비 2~3cm쯤 되고, 끝이 뾰족한 긴 타원꼴이며, 가장자리에 톱니가 있습니다.
7~8월에 잎겨드랑이에 두세 송이의 꽃이 피는데, 보통 빨강꽃이지만 품종에 따라 흰색, 분홍색 등 여러 색깔의 꽃이 피고, 겹꽃도 있습니다. 꽃자루가 밑으로 조금 처지며 꽃 뒤쪽에 꿀주머니가 있습니다.
꽃잎 다섯 장 중에서 양 옆에 있는 큰 꽃잎은 서로 붙어 있습니다. 수술이 다섯 개이며, 꽃밥은 서로 이어져 있지요.
8~9월에 익는 열매는 뾰족한 타원형이며, 가는 털이 많이 있습니다. 그 안에 지름 1cm쯤 되는 씨가 열 개 정도 들어 있습니다. 열매를 살짝만 건드려도 껍질이 터져 뒤로 말리면서 씨가 멀리 튀어나갑니다.

예부터 우리나라에는 봉숭아 꽃잎을 따서 손톱에 물을 들이는 풍습이 있었습니다. 이렇게 꽃물을 들이면 나쁜 액을 막을 수 있다고 믿어 왔습니다.
고려의 충선왕이 원나라 서울 연경(현재의 베이징)에 있을 때 그곳 왕궁의 궁녀로 있는 고려의 소녀가 고국을 그리워하며 손톱에 봉숭아물을 들이고 있더라는 기록이 있습니다. 이로 보아 700여 년 전에 벌써 꽃물을 들이는 민속이 널리 퍼져 있었음을 알 수 있지요.

봉숭아의 꽃말은 '나를 건드리지 마세요.'입니다. 건드리면 터지니까요.

쥐손이풀목 봉선화과 | *Impatiens balsamina* L. | 한해살이풀 | 원산지는 중국 남부, 동남아시아. 우리나라 전역에서 심어 가꾼다
꽃 피는 때 : 7~8월 | 열매 익는 때 : 8~9월 | 쓰임새 : 관상용, 약용

물 위에 뜨는 풀

부레옥잠

나는 물 위에 뜨는 풀, 부레옥잠입니다.
"식물이 어떻게 물 위에 뜨나?"
여러분은 고개를 갸웃거릴 테지요. 내 잎자루가 물고기의 부레처럼 부풀어 있어요. 그 속에 공기가 가득 들어 있습니다. 그래서 풍선이나 고무공처럼 물 위에 뜰 수 있습니다. 부레옥잠이라는 이름도 잎자루가 부레 같다 해서 붙여진 것입니다.
나의 수염뿌리는 언제나 물에 잠겨 있지요.
'재미있는 식물이군.'
하고 생각할 테지요.
내가 사는 곳은 연못이나 저수지입니다. 어항에 띄워 놓으면 물고기가 숨는 곳이 되지요. 원산지는 아메리카 열대지방인데, 그곳에서는 여러해살이풀이었지만 우리나라에서는 제주도에서만 겨울을 날 수 있습니다.

나는 물을 깨끗이 해 주는 청소부입니다. 더러운 물속에는 질소와 인이 녹아 있습니다. 이것은 식물이 살아가는 데 필요한 영양도 되지요. 나는 하얀 수염뿌리로 이것을 모두 빨아들입니다. 그래서 '물 청소부'라는 칭찬을 받지요.

내가 번식을 많이 하면 이런 큰일을 할 수 있습니다.
여러분은 연못 한쪽을 파랗게 덮으며 부레옥잠이 무리지어 사는 것을 보았을 테지요. 조건만 좋으면 한 포기의 부레옥잠이 한 해 동안에 수백 포기로 늘어나지요.
빨리 아들 낳고, 빨리 손자 낳고, 빨리 증손자가 태어나 식구가 불어나는 것입니다.
나는 섭씨 20도 이상이라야 잘 자라며, 영하 3도가 되면 얼어 죽게 됩니다.
뿌리는 물에 잠겨 있지만 잎과 꽃은 물 위에 떠 있습니다.
잎은 모여나고, 두꺼우며, 모양은 둥글고 반들거립니다. 길이와 너비는 4~10cm쯤 되지요. 부푼 잎자루는 10~20cm의 길이입니다.
8~9월에 옅은 보라색 꽃을 피우는데, 꽃은 아랫부분이 붙어 있고, 위쪽은 여섯 갈래로 갈라져 나팔 모양을 이룹니다.
암술은 암술대가 실처럼 길고, 수술은 모두 여섯 개인데 그 중 세 개는 더 길지요.
꽃가루받이를 마친 꽃줄기는 구부러져 물속으로 들어가 열매를 맺는데, 9~10월에 열매가 익습니다.

백합목 물옥잠과 | *Eichhornia crassipes* Solm.-Laub. | 여러해살이물풀 | 원산지는 열대아메리카. 우리나라 전역에서 심어 가꾼다
꽃 피는 때 : 8~9월 | 열매 익는 때 : 9~10월 | 쓰임새 : 관상용

화장품의 원료를 대어 주는
분꽃

분꽃은 붉어도 열매는 까매요.
열매는 까매도 속만은 희지요.

까뭇까뭇 열매를 여남은 쪼개어
잘 웃는 이쁜이 분 발라 줄까요.
<김성도 '분꽃' 전문>

김성도 선생의 '분꽃'을 읽으면 꽃과 열매의 빛깔, 분꽃 열매의 쓰임을 알 수 있지요.
나는 분꽃입니다. 분꽃과에 딸린 한해살이풀이지요. 내 조상의 고향은 남아메리카인데 원산지에서는 여러해살이풀이었습니다. '분꽃'이란 씨 속에 분의 원료가 되는 하얀 가루가 들어 있기 때문에 붙인 이름이지요.
내 키는 0.6~1m쯤이며, 굵은 뿌리가 있습니다. 원줄기는 마디가 굵고 가지가 갈라집니다.
잎은 마주나는데, 잎자루가 있습니다. 잎모양은 갸름한 달걀꼴에 끝이 뾰족한데, 길이는 3~10cm쯤입니다.
6~11월경 꽃이 피며, 꽃색깔은 붉은색, 노란색, 흰색, 잡색 등 여러 가지입니다.

꽃은 박꽃과 같이 해가 기우는 시간에 피기 시작하여 다음날 아침까지 핍니다. 비가 오는 날에도 같은 시간에 꽃을 피우기 때문에 시계가 없던 옛날에는 분꽃 피는 시간에 맞추어 저녁밥을 짓기 시작했습니다.

꽃은 가지 끝에 열리는데 꽃잎처럼 생긴 꽃받침은 나팔꼴이며, 끝이 다섯으로 갈라집니다.
다섯 개의 수술은 밖으로 나와 있고, 암술대 한 개도 길게 밖으로 나와 있습니다.
9월부터 열매가 익기 시작하는데, 열매는 둥글고 딱딱한 꽃받침 밑부분에 싸여 있습니다.

열매는 처음에 녹색이지만 차츰 익어가면서 검은 색깔이 되고 주름이 많이 잡힙니다.
이것을 쪼개면 밀가루 같은 흰 가루가 나오는데 분의 원료가 됩니다.
우리나라에서는 옛적부터 장독대 곁에 봉숭아, 맨드라미, 접시꽃과 함께 분꽃을 가꾸어 왔습니다.

중심자목 분꽃과 | *Mirabilis jalapa* L. | 여러해살이풀 | 원산지는 남아메리카. 우리나라 전역에서 심어 가꾼다 | 꽃 피는 때 : 6~11월
열매 익는 때 : 9~11월 | 쓰임새 : 관상용, 약용

연못의 요정

수련

옛날 그리스에 물의 요정 세 자매가 살았습니다. 어머니 여신이 소원을 묻자, 맏이는 물의 신이 되겠다 하고, 둘째는 신의 규율을 따르겠다 하고, 셋째는 어버이의 명령에 따르겠다고 했습니다.

결국 맏이는 바깥 바다의 신이 되고, 둘째는 안쪽 바다의 신이 되었습니다. 기특한 막내는 파도가 치지 않는 연못의 신이 되었습니다.

연못의 신이 된 막내 요정은 가끔 예쁜 모습에 고운 옷을 입고 물 위에 뜬 수련이 되어 사람들 마음을 사로잡는답니다.

나는 연못의 요정 수련입니다. 수련과에 딸린 여러해살이물풀이지요.

우리나라에서 자생하는 식물인데 연못이나, 호수에 관상용으로 가꾸기도 합니다. 전 세계에서 가장 사랑받는 물풀의 하나이며 원예품종이 많기도 합니다.

연못 밑 땅속에 뿌리줄기가 있고, 여러 개 잎이 뿌리줄기에서 모여나는데 가는 잎자루는 1m가 될 만큼 길지요. 잎모양은 둥근 말발굽꼴이며 가장자리가 밋밋합니다.

잎지름이 5~12cm쯤이며 잎은 항상 물 위에 떠 있기 때문에 그 높이는 물의 양과 깊이에 따라 달라집니다.

햇빛을 보는 쪽 잎면은 녹색이고 물에 닿아 있는 뒤쪽은 어두운 자줏빛입니다.

7~8월에 가느다란 꽃줄기가 올라와 그 끝에 지름 5cm 정도의 흰색 또는 붉은색 꽃이 핍니다. 낮에는 물 위에 떠서 피고 밤이면 오므라들지요.

꽃은 사흘 동안 피다가 지는데, 이것이 잠자는 듯하다 하여 '잠자는 연꽃'이라는 뜻에서 수련(睡蓮)이라 부른답니다.

꽃잎은 8~15장이며 꽃받침잎은 넉 장인데 타원꼴입니다.

꽃잎 속에는 노란 꽃밥을 단 수술이 40개쯤 있고, 암술대는 납작하며 암술머리는 둥글어요.

열매는 물 위에서 익다가 열매의 겉껍질이 모두 삭을 무렵, 물 밑으로 가라앉지요. 씨는 연못 밑 땅속에서 겨울을 나고 이듬해에 싹이 터 물 위로 잎과 꽃을 내밉니다.

수련의 꽃말은 '청정(淸淨)' 입니다.

미나리아재비목 수련과 | *Nymphaea tetragona* Georgi | 여러해살이물풀 | 우리나라에서 저절로 자라며 중부 이남에서는 심어 가꾼다
꽃 피는 때 : 6~8월 | 열매 익는 때 : 9~10월 | 쓰임새 : 관상용, 약용

가짜가 진짜 노릇하는
아마릴리스

아프리카 원산인 아마릴리스라는 예쁜 화초가 있습니다.

남아메리카에는 페루나 브라질에 자생하는 히페아스트룸(Hipeastrum)이라는 화초가 있었습니다. 원예가들이 남아메리카 원산인 히페아스트룸 여러 종류를 교배하여 아마릴리스와 닮은 화초를 만들어 내고, 이것을 아마릴리스라 불렀습니다.

식물학자가 말하는 진짜 아마릴리스는 따로 있고, 원예인들이 말하는 아마릴리스는 개량된 히페아스트룸입니다. 그러나 세상 사람이 모두 개량된 히페아스트룸을 아마릴리스로 부르고 있습니다.

나는 이처럼 복잡한 내력을 가진 남아메리카 원산인 아마릴리스입니다. 실제로는 히페아스트룸의 개량종인 나, 아마릴리스는 열대 식물이므로 우리나라 기후에는 맞지 않아요. 추위는 견딜 수 없으므로 겨울 동안 따뜻한 온실 속에 지내면서 눈이 펑펑 쏟아지는 겨울에 예쁜 꽃을 피웁니다.

나는 수선화과에 딸린 여러해살이 알뿌리 식물입니다. 봄에 양파처럼 생긴 비늘줄기를 심으면 두꺼운 잎이 나와 길게 자랍니다.

잎은 5~6장이 모여나고, 길이는 20~30cm가 되며, 붉은빛이 도는 녹색입니다. 원산지에서는 잎이 늘 푸르지만, 우리나라에서는 온실에 두어도 겨울이 되면 잎이 마릅니다.

12~3월 사이에 마른 잎 가운데서 30~50cm 길이의 속이 빈 꽃줄기가 솟고, 꽃줄기 끝에 3~6송이의 꽃이 옆으로 사방을 향해 핍니다. 꽃빛깔은 밝은 붉은색, 흰색 바탕에 붉은 줄무늬가 있는 것 등, 품종에 따라 빛깔이 다른 여러 가지 꽃이 핍니다. 꽃지름은 10~15cm이며, 꽃은 나팔 모양입니다.

비늘줄기로 번식을 하지만 집에서 번식시키기는 매우 어렵지요. 씨앗을 뿌리면 꽃을 피울 만한 비늘줄기로 자라는 데 3~5년이 걸립니다. 그러나 오래 묵은 식물이 아니면 씨를 맺지 않습니다.

아프리카 원산인 진짜 아마릴리스는 히페아스트룸과 가까운 품종이지만 가을에 꽃이 피고, 히페아스트룸과는 달리 꽃줄기 속이 꽉 차 있고, 비늘줄기가 여러 겹으로 되어 있지요.

백합목 수선화과 | *Hippeastrum hybridum* Hort. | 여러해살이풀 | 원산지는 남아메리카. 우리나라 온실에서 심어 가꾼다
꽃 피는 때 : 5~6월 | 열매 익는 때 : 거의 맺지 않음 | 쓰임새 : 관상용

시궁창에서도 물이 들지 않는 연꽃

부처님은 세상에 태어나면서 동서남북을 일곱 걸음씩 걸었다 합니다.
걸을 때마다 땅에서 연꽃 송이가 솟아나 아기의 발을 받쳐 주었답니다.
그 뒤 연꽃은 부처님의 가르침 속에 자리를 잡았습니다.
"연꽃을 보아라. 시궁창 더러운 물속에서도 물이 들지 않고, 고운 꽃을 피우지 않니?"
부처님은 제자들이 나쁜 일에 물들까 봐 이렇게 가르쳤다 합니다.

나는 연꽃입니다. 수련과에 딸린 여러해살이물풀이지요. 우리나라 각지의 연못에서 자라며, 농가에서 특수 작물로 논에 심어 키우기도 합니다.
그리 깊지 않은 물에서 뿌리를 땅에 박고 잎과 꽃을 물 위로 내지요.
높이는 1m쯤 됩니다.

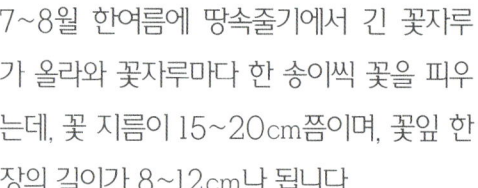
연근

원통 모양인 땅속줄기를 연근(蓮根)이라 하는데, 물밑 땅속을 옆으로 벋으며 마디에서 뿌리를 내립니다.
잎은 땅속줄기에서 나오는데 잎자루가 아주 길지요. 잎모양은 둥글고, 잎자루 끝이 닿는 부분이 움푹 들어가 있습니다. 잎지름이 30~50cm나 되는데 비가 올 때 어린이들이 우산 대신 써도 될 만한 크기입니다. 잎은 물에 젖지 않으며, 물 위에 솟아 너울거립니다.
7~8월 한여름에 땅속줄기에서 긴 꽃자루가 올라와 꽃자루마다 한 송이씩 꽃을 피우는데, 꽃 지름이 15~20cm쯤이며, 꽃잎 한 장의 길이가 8~12cm나 됩니다.
꽃빛깔은 품종에 따라 다르지만 분홍색이 많고 드물게 흰 꽃을 피우는 품종이 있습니다. 분홍연꽃을 홍련(紅蓮), 흰연꽃을 백련(白蓮)으로 구분하기도 합니다.
9월쯤에 검게 익는 열매를 연밥이라 하는데, 벌집처럼 생긴 연밥에는 씨방마다 동그란 씨가 들어 있지요.
연은 꽃을 보려고 가꾸지만, 약용으로도 쓰이고, 연근은 요리의 재료가 됩니다.

꽃말은 '순결' 입니다.

연밥

미나리아재비목 수련과 | *Nelumbo nucifera* Gaertner | 여러해살이물풀 | 우리나라 전역에서 심어 가꾼다 | 꽃 피는 때 : 5~6월
열매 익는 때 : 9월 | 쓰임새 : 관상용, 식용, 약용

접시 같은 꽃을 단 키다리

접시꽃

나는 접시꽃입니다. 아욱과에 딸린 두해살이풀이지요. 꽃모양이 접시 같다 해서 지은 이름입니다.

높이가 1~2m가 넘는 키다리고요. 키로 말하면 화초 중에서 해바라기 다음이지요.

언제나 꽃밭 뒤쪽에 서서 키 작은 꽃들을 내려다봅니다. 키 작은 화초는 키다리 나를 부러워할 테지요.

내 조상의 땅은 중국입니다. 오랜 옛날 우리나라에 씨가 전해져 사랑받는 꽃이 되었습니다.

봉숭아, 맨드라미와 함께 장독간 옆에 심기도 하지요. 커다란 키에 여러 송이 꽃을 달고 담 너머를 넘어다보기도 합니다.

원줄기는 곧게 뻗으며, 줄기의 단면은 원기둥처럼 둥글지요. 줄기의 온몸에 털이 납니다.

잎은 어긋나고, 심장꼴이며, 하나의 잎이 5~7개로 갈라지고, 가장자리에 톱니가 있지요.

초여름인 6월에 잎겨드랑이에서 짧은 꽃자루가 여러 개 나오고, 꽃자루 끝에 접시 모양의 꽃이 달리는데, 식물 전체가 하나의 총상꽃차례를 이룹니다. 총상꽃차례란 원줄기의 아랫부분부터 윗부분까지 차례로 꽃줄기를 내며, 꽃줄기마다 하나씩 꽃을 다는 꽃차례를 말합니다.

꽃받침은 다섯 갈래로 갈라지고, 꽃잎 다섯 장은 기왓장처럼 포개져 있습니다. 꽃빛깔은 안으로 들어갈수록 짙으며, 가장자리는 흰색에 가깝지요. 분홍색, 빨간색, 노랑색 등 품종에 따라 꽃색깔이 다릅니다. 가장자리와 안쪽이 모두 하얀 종류도 있지요.

암술은 하나지만 머리 부분이 여러 개로 갈라져 꽃가루받이에 좋고, 여러 개의 수술은 몸을 합쳐서 암술을 둘러쌉니다.

열매는 편편하고 둥근 모양인데 9월에 익지요.

잎, 줄기, 뿌리는 약재로 쓰입니다.

아욱목 아욱과 | *Althaea rosea* Cav. | 두해살이풀 | 원산지는 중국. 우리나라 전역에서 심어 가꾼다 | 꽃 피는 때 : 6월 | 열매 익는 때 : 9월
쓰임새 : 관상용, 약용

보석 조각처럼 고운
채송화

보석을 좋아하는 여왕이, 보석상을 만나 보석 한 개와 백성 한 사람을 맞바꾸기로 하였습니다. 그런데 보석상의 보석이 백성의 수보다 한 개 더 많았으므로 여왕은 마지막 한 개를 갖지 못하였습니다.
"그럼, 나와 그 마지막 것을 바꾸면 어때요?"
"그렇게 하지요."
보석상이 마지막 보석을 여왕에게 건네주자 보석이 펑! 터지면서 그 조각이 흩어져 채송화가 되었습니다.
보석에만 욕심을 내던 여왕은 기절을 하고 말았습니다.

나는 채송화입니다. 이 이야기는 내가 보석 조각처럼 예쁘기 때문에 생겨났을 테지요. 남아메리카 브라질 원산이며, 우리나라에서 오래전부터 심어 왔던 화초입니다.
커도 20cm밖에 안 되는 작은 키에, 꽃은 너무도 예뻐서 꽃밭 앞자리를 차지하지요.
잎은 어긋나고, 길이가 1~2cm쯤이며, 작은 원기둥꼴입니다.

잎겨드랑이에 흰 털이 납니다.
7~8월에 꽃이 피는데, 꽃빛깔은 붉은색, 흰색, 노란색 또는 자주색입니다. 가지 끝에 한두 송이 꽃이 달리는데, 꽃의 지름은 3cm쯤 되며, 꽃자루는 없고, 꽃잎은 다섯 장이며 꽃잎 끝이 약간 밖으로 휘어집니다. 수술은 많고, 암술대에 암술머리가 5~9개로 갈라져 있습니다.
꽃은 아침에 피었다가 밤에 오므라듭니다. 한낮에 활짝 핀 꽃은 벌과 나비가 없어도 암술, 수술이 서로 몸을 움직여 꽃가루받이를 합니다. 곤충에 의한 꽃가루받이도 하지만, 대부분의 꽃가루받이가 꽃술끼리 이루어집니다.
9~10월에 열매가 익는데, 다 익은 열매 가운데가 갈라지면서 까만 씨가 쏟아집니다. 채송화, 나는 씨로 번식하지만 줄기를 끊어서 심어도 뿌리를 내리는 생명력이 강한 풀입니다.

채송화의 꽃말은 '가련함', '순진' 입니다.

중심자목 쇠비름과 | *Portulaca grandiflora* Hooker | 한해살이풀 | 원산지는 남아메리카. 우리나라 전역에서 심어 가꾼다
꽃 피는 때 : 7~8월 | 열매 익는 때 : 9~10월 | 쓰임새 : 관상용, 약용

꽃과 잎을 보고 즐기는
칸나

나는 칸나입니다. 칸나과에 딸린 오래살이 알뿌리식물이며, 홍초라는 이름으로도 불리지요. 전 세계 열대지방이 원산지이며, 현재 칸나라 불리는 화초는 이 일대에서 자생하는 칸나류를 원예종으로 개량한 것인데 전 세계적으로 100여 종 이상의 품종이 있습니다.

잎이 파초와 비슷해서, 꽃과 함께 잎을 보며 즐길 수 있지요.

키는 1~2m쯤 되며, 잎의 빛깔은 녹색과 구릿빛이 있습니다.

7월부터 서리가 올 때까지 꽃줄기에서 계속 꽃이 피기 때문에 꽃밭에 심어 두면 오래 꽃을 즐길 수 있지요. 특히 학교나 아파트, 공원의 꽃밭에다 가꾸면 꽃을 갈아 심는 수고를 덜 수 있습니다.

나는 성장력이 왕성하기 때문에 물빠짐이 좋고 햇볕이 잘 쬐는 곳에 심어 두면 다른 화초처럼 자주 돌보지 않아도 잘 자랍니다.

4월 중순이나 하순에 지난해 갈무리해 둔 땅속줄기를 꺼내어 가위로 2~3개의 눈이 되도록 땅속줄기를 나누어 땅에 심습니다. 구덩이의 깊이는 30cm, 간격은 70~80cm가 알맞지요. 여기에 깻묵이나 퇴비를 흙과 잘 섞어서 깔고, 땅속줄기를 놓은 다음, 흙을 덮습니다.

줄기는 아주 굵고 곧게 자라는데 다 자란 칸나는 잎이 어긋나고, 잎의 길이는 30~40cm로 넓은 타원꼴입니다.

잎에는 나란히 맥이 발달해 있고, 잎 아래쪽은 줄기를 감싸면서 잎집이 됩니다.

꽃줄기 하나에 꽃이삭이 두 개 생기며 하나의 꽃이삭에는 15~16송이의 꽃이 모여 있지요. 여섯 개의 수술은 꽃잎 모양으로 둥글며 한쪽에 꽃밥이 달립니다. 암술대는 넓고 길며, 꽃잎과 꽃받침잎은 세 장씩입니다.

꽃빛깔은 붉은색, 노랑색 등 품종에 따라 여러 가지이지요. 열매는 10월에 익는데 둥근 모양이며, 겉에 작은 돌기가 있고, 속에 검은 씨앗이 들어 있습니다.

서리가 내려 잎이 시들면 땅속줄기를 캐어 물이 잘 빠지는 땅에 묻어 저장해야 합니다.

생강목 홍초과 | *Canna generalis* Bailey | 여러해살이풀 | 원산지는 전 세계 열대지방. 우리나라 전역에서 심어 가꾼다 | 꽃 피는 때 : 7~9월
열매 익는 때 : 10월 | 쓰임새 : 관상용

알뿌리로 불어나는 튤립

16세기가 끝날 무렵, 튤립이라는 예쁜 꽃이 터키에서 유럽으로 전해졌습니다. 유럽 사람들은 처음 보는 이 꽃을 아주 귀하게 여겨, 너도 나도 심어 가꾸려 하였습니다. 특히 귀족과 돈 많은 장사꾼이 그러했습니다. 그런데 튤립은 주로 씨앗이 아닌 알뿌리로 불어나는 것이라, 알뿌리가 투기의 대상이 되었습니다. 이리하여 폭리를 보는 사람이 생기고, 값이 떨어지자 재산을 날리는 사람이 생겼습니다. 특히 네덜란드에서 그러했습니다.

이를 '튤립공황'이라 하는데 네덜란드 정부가 나서서 국민에게 손해 본 돈을 얼마간 돌려주어 겨우 사건이 진정되었습니다.

이런 역사를 겪은 네덜란드에서는 튤립 가꾸기 원예농업이 크게 발달하여 '튤립의 나라'로 불리고, 튤립 수출로 이득을 얻고 있습니다.

나는 튤립입니다. 백합과에 딸린 여러해살이알뿌리식물이지요. 남동유럽과 중앙아시아가 원산인데, 서양에서는 꽃을 보려고 가꾸는 대표적인 화초의 하나이며, 우리나라에서도 사랑받는 꽃이 되었습니다.

튤립, 나는 주로 알뿌리의 하나인 비늘줄기로 번식하는데, 비늘줄기를 땅에 심는 때는 가을입니다. 비늘줄기는 달걀꼴이며, 원줄기는 곧게 서며 가지를 내거나 갈라지지 않습니다.

잎은 밑에서부터 어긋나고, 길이가 20~30cm쯤 되지요. 끝이 뾰족하고, 안쪽으로 약간 말리며, 가장자리는 물결 모양입니다.

종 모양의 꽃이 4~5월에 한 개씩 꽃줄기 끝에 위를 향해서 피는데, 꽃빛깔은 품종에 따라 빨강, 분홍, 노랑 등 여러 가지입니다. 꽃잎 길이가 7cm쯤 되지요. 암술은 2cm쯤 되는 원기둥꼴인데, 수술은 여섯 개입니다.

가정에서 화분이나 화단에 심기도 하지만, 화원에서 꽃꽂이와 꽃다발용으로 많이 가꿉니다. 튤립 화분은 2~3월에, 알뿌리는 9월쯤 꽃가게에서 팔지요. 품종이 많고, 과학적인 농법을 다양하게 개발하고 있습니다.

백합목 백합과 | *Tulipa gesneriana* L. | 여러해살이풀 | 원산지는 중앙아시아. 전 세계에서 심어 가꾼다 | 꽃 피는 때 : 4~5월
열매 익는 때 : 거의 맺지 않음 | 쓰임새 : 관상용

추위에 강하고 더위에 약한 팬지

나는 팬지입니다. 삼색제비꽃과 비슷한 종류를 섞어 만든 원예품종입니다. 제비꽃과에 딸린, 제비꽃을 닮은 한해살이나 두해살이풀이지요. 유럽 원산이며, 꽃빛깔은 흰색, 자주색, 노란색이 기본입니다. 꽃을 개량하는 과정에서 워낙 많은 종류를 뒤섞다 보니 모양과 색깔이 다른 수십 가지 품종이 나타나게 되었습니다.

품종이 계속 개발되면서 오렌지색, 빨간색, 파란색 팬지도 등장했습니다. 이 모두를 통틀어 팬지라 부르지요.

나는 전 세계에서 가장 널리 가꾸는 봄꽃인데 추위에는 강하지만 더위와 가뭄에는 아주 약하지요.

높이는 12~20cm쯤이며, 자라면서 가지를 칩니다.

잎은 어긋나고, 끝이 뾰족한 긴 타원꼴이며, 가장자리에 무딘 톱니가 나지요.

꽃은 4~5월에 잎겨드랑이에서 나온 긴 꽃줄기에 옆을 향해서 한 송이씩 달립니다. 꽃받침과 둥그스름한 꽃잎이 다섯 장씩입니다. 다섯 장의 꽃잎은 서로 모양이 다릅니다. 위의 두 장은 보통 무늬가 없고, 아래쪽 셋은 무늬가 있는 것이 기본 형태입니다. 무늬의 모양은 잡다할 만큼 다양합니다.

꽃 크기도 지름 2cm 정도의 작은 것부터 지름 10cm쯤 되는 큰 꽃에 이르기까지 여러 가지입니다. 꽃잎은 서로 겹치고 꿀주머니는 아주 작은 편입니다.

6~7월에 열매가 여물어 달걀꼴의 작은 씨가 떨어집니다.

9월 상순에 씨를 뿌리면 이듬해 4~5월에 꽃이 핍니다. 꽃을 보는 시기를 이보다 앞당기려면 씨 뿌리기를 더 일찍 하면 됩니다. 추운 겨울 동안에는 어린 모종을 온실에 두어야 하지만, 남부지방에서는 바람을 막아 주기만 하면 바깥에서 겨울을 날 수도 있습니다. 그러나 더위에 약한 나는 한여름이 되면 자라지 못합니다. 잎은 말라 버리고 꽃도 피우지 못합니다. 여름나기가 참으로 고통스럽지요.

최근에는 높은 기온을 이기는 품종이 개발되어 여름에도 팬지꽃을 볼 수 있습니다.

제비꽃목 제비꽃과 | *Viola* × *wittrockiana* Hort. | 한해살이, 두해살이풀 | 원산지는 유럽. 우리나라 전역에서 심어 가꾼다
꽃 피는 때 : 4~5월 열매 익는 때 : 6~7월 | 쓰임새 : 관상용, 약용

해의 꽃
해바라기

나는 해바라기입니다. 국화과에 딸린 한해살이풀이지요. 북아메리카 원산이며, 우리나라 각 지방에서 꽃을 보려고 심거나 농작물로 밭에다 재배합니다.

씨는 볶거나 날로 까먹기도 하지만 기름을 짜서 식용유로 쓰기도 합니다.

'해바라기'라는 이름은 해를 바라보며 움직인다는 뜻에서 지은 이름이지만, 해에 반응을 보이는 것은 꽃이 피기 전일 뿐입니다. 꽃이 피면 대개 동쪽이나 남쪽을 향해 고개를 숙입니다.

내 키는 2m쯤이며, 잎은 어긋나며, 잎의 길이는 10~30cm쯤이고, 모양은 커다란 심장형입니다. 줄기와 잎에 털이 많이 나고, 잎 가장자리에 큰 톱니가 있으며 잎자루가 길지요.

8~9월에 원줄기와 가지 끝에 두상꽃차례의 커다란 꽃이 피는데, 꽃의 지름은 8~60cm나 됩니다. 꽃 가장자리에는 밝고 샛노란 혀꽃을 두르고, 가운데는 노랗거나 갈색인 대롱꽃이 모이지요.

혀꽃은 화려한 빛깔로 곤충을 끌어들여 다른 꽃이 꽃가루받이를 하게 하지만 수술과 암술이 흔적만 있기 때문에 열매를 맺지 못하지요. 열매를 맺는 것은 수가 많은 대롱꽃입니다. 대롱꽃은 꽃잎이 없지만 꽃밥이 있고 암술이 발달해서 씨를 맺게 되지요.

10월에 씨가 여무는데, 흰색이나 회색 바탕에 검정색 줄무늬가 있습니다. 이것이 바로 '해바라기 씨'입니다.

꽃 하나에서 나온 해바라기 씨는 2천여 개나 되고 씨의 몸은 30%가 기름입니다.

해바라기, 나의 형제로는 애기해바라기, 좀해바라기, 큰집해바라기 등 여러 품종이 있습니다.

해바라기는 남아메리카 페루의 나라꽃이며, 미국 캔자스 주의 주꽃이기도 하지요.

꽃말은 '존경', '눈부심'입니다.

초롱꽃목 국화과 | *Helianthus annuus* L. | 한해살이풀 | 원산지는 북아메리카. 우리나라 전역에서 심어 가꾼다 | 꽃 피는 때 : 8~9월
열매 익는 때 : 10월 | 쓰임새 : 관상용, 식용

향기가 짙은 꽃 히아신스

나는 히아신스입니다. 백합과에 딸린 여러해살이알뿌리식물이지요. 유럽의 발칸반도와 시리아, 이란 등 서아시아 원산으로 2천 미터나 되는 높은 산의 낭떠러지나 석회암 지대에서 자라던 식물이었습니다.

나의 키는 15~25cm쯤이며, 땅속 비늘줄기는 길이 3cm쯤 되는 달걀 모양이며 밑에 수염뿌리가 나 있습니다.

잎은 뿌리에서 4~5장 모여서 나고, 비스듬히 뻗어 끝이 안으로 오므라듭니다. 잎모양은 조빗하고 끝이 뾰족합니다.

이른 봄 3~4월에 잎 사이에서 꽃줄기가 잎보다 길게 자라나, 꽃줄기 머리 부분에 꽃이 40송이씩 모여 달리는 총상꽃차례를 이룹니다. 총상꽃차례란 긴 꽃대에 꽃꼭지가 있는 여러 개의 꽃이 어긋나게 붙어서 밑에서부터 차례로 피는 꽃의 배열을 말합니다.

꽃은 깔때기 모양이며 옆을 향해서 피는데, 꽃덮이 끝이 여섯 갈래로 갈라지며, 꽃지름이 2~3cm 됩니다. 꽃빛깔은 깨끗한 청자색입니다. 수술이 여섯 개 있지만 밖으로 나타나 보이지는 않지요.

열매는 5~6월에 익으며, 씨 겉에는 잔 돌기가 있습니다.

히아신스, 나를 화분에 가꿀 때는 10월이나 11월에 심어 흙이 마르지 않게 물을 주어야 합니다. 볕이 잘 드는 곳에 두면 이듬해 봄에 꽃이 피지요.

꽃이 지면 잎이 노랗게 물들며 시드는데, 6월쯤에 비늘줄기를 캐어 그늘에 말렸다가 가을에 다시 심어야 합니다. 이때 비늘줄기를 나누어 심으면 포기를 늘일 수 있습니다.

물가꾸기를 할 때도 늦가을에 시작합니다. 물을 조금 담은 그릇에 비늘줄기의 아래쪽만 물에 닿게 합니다. 물이 얼지 않게 하고, 한 달쯤 어두운 곳에 두었다가 수염뿌리가 다 나오면 양지바른 창가에 두어 꽃이 필 때를 기다려야 합니다.

히아신스, 나는 향수의 원료로 쓰일 만큼 향기가 짙은 꽃으로 화분 재배나 물 재배로 쉽게 가꿀 수 있습니다.

15세기에 원산지에서 이탈리아로 건너가 유럽에서 가꾸면서 온 세계로 퍼졌습니다. 히아신스, 나를 가꾸어 수출하는 나라로는 네덜란드가 유명하지요.

백합목 백합과 | *Hyacinthus orientalis* L. | 여러해살이풀 | 원산지는 서아시아. 우리나라 전역에서 심어 가꾼다 | 꽃 피는 때 : 3~4월
열매 익는 때 : 5~6월 | 쓰임새 : 관상용, 향료용

논과 밭에 심어 먹는 식물

가지
감자
고구마
고추
당근
딸기
땅콩
마늘
메밀
무
박

배추
벼
부추
상추
생강
수박
쑥갓
양파
오이
옥수수
유채꽃

잇꽃
자운영
쪽
참외
콩
토란
토마토
파
팥
피마자
호박

추운 겨울이 지나 봄이 오면 밭은 가을에 씨를 뿌린 작물이 자라서 온통 초록빛으로 물듭니다. 겨울 동안 잎만 보이던 유채, 처음에는 배추 같던 모양이 점점 말려 영그는 양배추가 봄밭을 풍성하게 하지요.

완두콩도 가을에 씨를 뿌립니다. 봄이 되면 줄기를 뻗고 꽃이 핍니다. 봄이 되면 미나리, 냉이 같은 푸성귀를 캐어 먹을 수도 있지만 무, 순무 같은 걸 가꾸어 먹을 수도 있습니다.

오이는 여름에 나무기둥을 세워 덩굴이 감기게 해서 가꾸어 먹기도 합니다. 여름철 밭에 심어 가꾸는 작물로는 가지, 토마토, 감자, 옥수수, 참외, 수박 등이 있습니다.

가을을 결실의 계절이라고 하듯이 가을에는 과일뿐 아니라 여러 작물을 거두어들입니다. 고구마, 토란 같은 것도 가을에 거두지요. 우리의 주식이 되는 벼는 본디 물에서 자라는 식물이므로 논에 심습니다. 물이 귀한 산골에서는 밭에 심기도 합니다. 요즘은 오이나 딸기 같은 농작물을 온실에서 많이 재배하므로 농작물의 제철을 알기 어렵습니다.

신라 때부터 가꾸어 온
가지

나는 가지입니다.

가지과에 딸린 한해살이풀이지요. 시골 텃밭이나 채소밭에서 가꾸어지면서 사람들과 아주 친해졌습니다. 전 세계 온대와 열대지방에 걸쳐 자랍니다. 온대지방에서는 한해살이이지만, 열대에서는 여러 해를 삽니다. 원산지는 더운 나라 인도이지요.

키는 0.6~1m쯤 됩니다. 줄기 전체에서 별 모양의 잿빛 털이 납니다. 잎자루가 있는 잎은 갸름한 타원형이며, 줄기에 어긋나게 달리는데, 길이는 15~35cm쯤 됩니다.

초여름인 6월에서 초가을까지 보랏빛 꽃이 피는데, 줄기의 마디에서 꽃대가 나와 몇 송이가 달립니다. 꽃받침은 종 모양으로 자줏빛입니다.

열매 모양은 품종에 따라 다르지만, 우리나라에서 가꾸는 가지는 자줏빛에 길쭉한 모양이 많습니다. 서양에서 가꾸는 것에는 달걀 모양 열매가 많지요. 그래서 서양에서는 나를 에그플랜트(eggplant)라 합니다. 달걀 같은 열매라는 뜻입니다.

열매는 쪄서 먹고 전도 부치고, 제사 나물로도 씁니다.

잎과 꽃은 약으로 씁니다.

중국 송나라 때 엮은 『본초연의(本草衍義)』에는 "신라에서 가꾸던 가지가 중국에 널리 퍼졌다. 열매 모양이 달걀 같고 자줏빛 광택이 난다. 맛이 좋다."라고 씌어 있습니다. 신라 시대부터 가지를 가꾸어 채소로 하였음을 알 수 있지요. 유럽에는 13세기에 전해졌지만 식품으로 크게 발전하지는 못했답니다. 가지 종류에는 사람들이 식품으로 쓰는 것 외에 화초로 가꾸는 종류도 있습니다.

요즘에는 온실에서 기르기 때문에 추운 겨울에도 싱싱한 채소로 시장에 나옵니다.

통화식물목 가지과 | *Solanum melongena* L. | 한해살이풀 | 원산지는 인도, 우리나라 전역에서 심어 가꾼다 | 꽃 피는 때 : 6~9월
열매 익는 때 : 7~9월 | 쓰임새 : 식용, 약용

덩이줄기 감자

나는 감자입니다.

가지과에 딸린 다년생 식물이지요. 농촌에서 밭에 심어 가꾸는 농작물이기도 합니다.

봄에 씨감자를 밭에 심은 뒤, 90~130일쯤 지나 잎이 누른빛을 띨 때에 거두어들입니다. 품종에 따라 올감자, 늦감자, 고랭지감자 등으로 나누지요. 땅위줄기는 0.6~1m로 자라며, 품종에 따라 꽃빛깔이 다릅니다.

사람들이 식용으로 쓰는 부분을 뿌리라고 잘못 생각하고 있지요. 그것은 뿌리가 아니고 덩이줄기입니다. 내가 씨감자로 땅속에 묻히면, 씨감자에서 땅 밖으로 새싹이 나와 자랍니다. 이때 땅속에 남아 있는 줄기 끝에 양분덩이가 만들어지는데, 이것을 감자라고 합니다.

남아메리카의 안데스산맥이 내 고향입니다. 그 산맥 골짜기에 감자가 자생하였고, 예부터 원주민인 인디오가 양식으로 삼아 왔습니다. 15세기에 콜럼버스(Christopher Columbus)가 아메리카 대륙을 발견한 뒤, 16세기에 대서양을 건너다니던 스페인 사람들이 나를 항해 식량으로 쓰기 시작했습니다.

이렇게 유럽에 감자 씨앗이 전해졌고, 우리나라는 조선 말엽에 중국에서 들여와 중요한 식품이 되었습니다.

특히 기후가 서늘한 강원도를 대표하는 농산물로, 강원계, 6호, 춘천재래 자주감자 등 품종이 개발되었습니다.

나는 어린이와 아주 친한 식품이지요. 쪄서 먹기도 하지만, 숯불에 구워 먹기도 합니다. 딱신하게 구운 감자를 먹다 보면 입술에 숯칠을 하기도 하지요. 이 밖에 녹말가루를 내어 떡과 국수를 빚기도 합니다.

감자라면 독립 운동가이며 동요시인이었던 권태응 선생의 '감자꽃'을 떠올리게 됩니다.

자주 꽃 핀 건 자주 감자
파 보나마나 자주 감자

하얀 꽃 핀 건 하얀 감자
파 보나마나 하얀 감자

통화식물목 가지과 | *Solanum tuberosum* L. | 여러해살이풀 | 원산지는 남아메리카. 우리나라 전역에서 심어 가꾼다 | 꽃 피는 때 : 5~6월
열매 익는 때 : 7~8월 | 쓰임새 : 식용

간식이 되어 주는 고구마

나는 고구마입니다.
메꽃과에 딸린 여러해살이풀이지요. 전국 농촌에서 가꾸는 농작물이기도 합니다.
멕시코와 남아메리카 북부 원산으로 2천 년 전부터 원주민의 식량이 되었습니다. 아메리카 대륙 발견 이후 먼저 스페인에 전해졌고, 다시 동양에 전해져 주로 동양에서 많이 가꾸는 농작물이 되었습니다.
우리나라에는 300년 전쯤 영조 때의 신하 조엄이 일본에 사신으로 갔다가 대마도에서 씨를 구해 와 부산과 제주도에 처음 심게 하였다 합니다. 그 뒤 나는 구운 고구마, 찐 고구마, 엿과자 등 간식의 재료가 되면서 특히 어린이와 친해 왔습니다.

고구마 모를 내기 위해 좋은 씨고구마를 온상의 흙에 묻으면, 씨고구마 하나에서 여러 줄기의 싹이 나옵니다.
30~40일 뒤, 고구마 싹이 30cm쯤 자라면 잘라서 모를 만들어 밭이랑에 심는데, 대체로 5월 하순과 6월 상순에 심습니다만 기후와 환경에 따라 조금씩 다릅니다.
사람들이 식용으로 쓰는 고구마는 양분을 저장한, 나의 덩이뿌리입니다. 덩이뿌리는 품종에 따라 흰색, 누른색, 다홍색, 빨간색, 엷은 자줏빛 등 여러 빛깔입니다.
덩굴줄기는 길게 땅 위를 기어 다니고, 잎은 어긋나며, 잎자루가 길고, 잎모양은 길이 5~10cm쯤 되는 심장꼴입니다.
7~8월에, 잎겨드랑이에서 나온 꽃자루 끝에 나팔꽃을 닮은 꽃이 5~6송이 핍니다. 꽃은 지름이 5cm쯤 되며 엷은 자주색입니다.
9~10월에 둥근 열매가 여뭅니다. 서리를 맞으면 잎과 덩굴이 말라 죽고, 덩이뿌리가 상하기 쉬워서 첫서리가 내리기 전에 거두어 저장해야 합니다.
 고구마, 나는 27.7%의 당질과, 1.3%의 단백질을 지니며, 녹말이 주성분입니다. 감자보다 당질과 비타민 C가 많아서 칼로리가 높습니다.
찌거나 구워서 먹으며, 여러 요리의 재료가 되고, 녹말과 포도당, 알코올, 화장품의 원료가 되지요. 연한 줄기는 나물로 먹기도 합니다.

통화식물목 메꽃과 | *Ipomoea batatas* Lam. | 여러해살이풀 | 원산지는 중앙아메리카. 우리나라 전역에서 심어 가꾼다
꽃 피는 때 : 7~8월 | 열매 익는 때 : 9~10월 | 쓰임새 : 식용, 약용

독한 민족을 길러 준
고추

나는 고추입니다.
가지과에 딸린 한해살이풀이지요. 열대지방과 온대지방에서 널리 가꾸는 농작물인데, 열대에서는 여러 해를 산대요.

키는 60~90cm쯤 되고, 잎은 곧은 줄기에 어긋나게 붙는데, 잎모양은 끝이 뾰족한 타원꼴입니다.

꽃은 여름에 피며, 하얀 빛깔입니다. 잎겨드랑이에 꽃이 피는데, 꽃자루가 아래로 굽어 있어, 아래를 향해 꽃이 달립니다. 꽃 끝이 다섯 개로 갈라지고, 꽃받침은 녹색입니다. 수술은 다섯 개이고 꽃밥은 노란 빛깔입니다.

열매는 길쭉한 원뿔 모양이며, 풋고추일 때는 녹색을 띠다가 익으면서 붉은빛을 띱니다. 캅사이신이라는 성분이 고추의 맛을 맵게 하는데 고추의 붉은 색소가 바로 이 성분입니다.

여름에 시작하여 서리 오는 가을이 될 때까지 꽃이 피고 열매가 열려서 익지요. 보통 한 그루에 60~80개의 고추가 열립니다.

남아메리카의 열대지방이 내 조상의 고향이었습니다. 이곳 원주민이 심어 가꾸던 농작물인데, 아메리카 대륙으로 길이 트이면서 전 세계로 퍼졌습니다.

우리나라에 전해진 것은 조선 시대였습니다. 임진왜란 때 왜군이 우리나라 사람을 해치려고 매운 이 식품을 퍼뜨렸다고 합니다.

그런데 우리나라 사람이 오히려 매운맛을 좋아해서 고추를 즐겨 먹고, 고추 같이 독한 민족이 되었다는 것입니다.

그런가 하면 중국에서 전해졌다는 설도 있습니다. 일본의 여러 문헌에는 조선에서 일본으로 고추씨가 전해졌다고 기록되어 있습니다.

고추, 나는 우리나라에 전해져 사람들의 식성에 커다란 변화를 일으켰습니다.

풋고추는 날로 먹고, 익은 고추는 가루로 양념에 쓰이어, 끼니마다 고추가 밥상에 오르게 되었습니다. 세계에서 오직 하나, 고추장을 담가 먹는 나라가 우리나라입니다.

우리나라 사람은 어릴 때 매운 고추 때문에 울기도 하지만 차츰 자라면서 고추를 좋아하게 되지요.

'고추 먹고 맴맴' 노래에도 나오는 고추입니다.

통화식물목 가지과 | *Capsicum annuum* L. | 한해살이풀 | 남아메리카 열대지방. 우리나라 전역에서 심어 가꾼다 | 꽃 피는 때 : 7~8월
열매 익는 때 : 8~9월 | 쓰임새 : 식용, 약용

영양을 고루 갖춘 당근

나는 뿌리가 빨간 당근입니다.
조상이 살던 원산지는 중앙아시아의 아프가니스탄과 지중해 연안이라고 하지요. 원산지에서는 한해살이풀이었으나 채소로 가꾸어지면서 두해살이풀이 되었습니다.
우리나라 바닷가에서 저절로 자라는 갯당근은 당근과 비슷하게 생겼고 당근의 특징을 지닌 내 친척입니다.
미나리과에 속하는 나는 키가 1미터에 이르며, 줄기는 곧게 자랍니다. 뿌리는 굵고 곧으며, 주로 주홍색이지만 품종에 따라 붉거나 노란 빛깔도 있지요.

땅 위로는 곧은 줄기가 가지를 칩니다. 잎은 어긋나게 붙고, 네 번에 걸쳐 깃꼴로 아주 가늘게 갈라집니다.
꽃줄기에서 우산살처럼 여러 가지를 내어 꽃자루를 이루고, 꽃자루 끝에 작고 하얀 꽃이 소복이 매달립니다.
9월에 익는 작은 열매는 긴 타원꼴에 가시처럼 생긴 털이 있습니다.
나는 일년 내내 채소 가게에 나와서 요릿감으로 팔려가지요. 김치에 곁들여지기도 하고, 샐러드의 재료도 됩니다. 주로 서양 요리의 재료가 됩니다.
맛이 달콤한 내 뿌리에는 여러 영양소가 있습니다. 비타민 A와 비타민 C가 풍부하고, 비타민 B군과 칼슘, 마그네슘, 철 등이 고루 들어 있습니다.
허약한 어린이나 병을 앓고 난 후 회복기에 있는 사람, 임산부 등이 당근 생즙을 내어 먹으면 효과가 크지요. 싱싱하고 깨끗한 당근을 골라서 잘 씻은 다음, 껍질째 갈아서 즙을 만들어 복용하면 쉬 건강을 되찾을 수 있습니다.
내 뿌리는 식욕을 일으키고, 피를 맑게 해 주고, 피를 만들어 주고, 소화를 돕고, 기침을 막아 주는 약효가 있으니까요.
예뻐지고 싶은 이에게는 살을 보드랍게 하는 미용 효과가 있고, 암을 막아 주기까지 한답니다.
식용으로 할 때는 싹이 튼 지 2~3개월 되었을 때 뽑아서 쓰는 것이 좋지요.

산형목 산형과 | *Daucus carota* var. *sativa* DC. | 두해살이풀 | 원산지는 아프가니스탄, 지중해지방. 우리나라 전역에서 심어 가꾼다
꽃 피는 때 : 4~6월 | 열매 익는 때 : 9월 | 쓰임새 : 식용, 약용

꽃받침이 자라 과육이 되는

딸기

나는 딸기입니다.
장미과에 딸린 여러해살이풀입니다. 남아메리카가 원산지인 내가 사람들과 친하게 된 것은 17세기부터였습니다.
"맛있는 열매가 열리는 이 풀을 원예작물로 가꾸어 보면 어떨까?"
이렇게 해서 미국과 유럽에서 밭에 심은 거예요. 우리나라에 들어와 농작물로 심게 된 것은 100여 년 전이라 합니다. 그러면서 품종을 개량하고, 대량생산을 하면서 시장에 나오게 되었습니다.
지금은 과일 가게에서 사철 볼 수 있는 농작물입니다. 특히 어린이에게 인기 있는 과일이지요.
"딸기가 아기 주먹만하네. 빛깔도 곱네. 맛있겠다!"
딸기, 나를 본 어린이는 침을 꼴깍 삼키지요.
내가 사철 어린이와 친하게 된 까닭은, 눈 오는 겨울에도 온실에서 부지런한 농부들 손으로 가꾸어지기 때문입니다.
어릴 때의 뿌리는 밋밋하지만 자라면서 큰 뿌리에서 가는 뿌리를 내지요.

잎은 뿌리에서 사방으로 모여나고, 잎자루가 깁니다. 작은잎 석 장이 모인 겹잎이며, 가장자리에 톱니가 있습니다. 작은잎 크기는 3~6cm로 타원형입니다.
꽃자루가 길며, 그 끝에 흰 꽃 5~15송이가 달립니다. 꽃잎은 5~6장이며, 수술은 20~50개나 되는데, 꽃잎과는 다르게 노랑 빛깔입니다.
사람들이 먹는 부분을 열매라 생각하면 틀려요. 실제는 꽃받침이 공 모양으로 부풀게 자라서 열매 모양이 된 것입니다. 재미있는 일이죠.
오목오목 패인 곳에 콕콕 박힌 작은 알맹이가 진짜 열매입니다.
맛이 좋은 딸기 과육은 날로 먹고, 잼을 만들어 먹기도 합니다. 비타민 C가 풍부해서 두세 개만 먹으면, 그날에 보충할 비타민의 양이 된대요.
나는 감기와 신경통을 낫게 하고, 상처를 아물게 하는 효험이 있습니다.
논밭둑에서 자라는 뱀딸기, 산기슭에 자라는 멍석딸기, 가시가 많은 산딸기는 모두 나와 가까운 사촌이지요.

장미목 장미과 | *Fragaria ananassa* Duchesne | 여러해살이풀 | 원산지는 남아메리카. 우리나라 전역에서 심어 가꾼다
꽃 피는 때 : 4~6월 | 열매 익는 때 : 6월 | 쓰임새 : 식용, 약용

땅속에서 꼬투리를 키우는 땅콩

옛날 놀부 같은 욕심쟁이 형과 흥부 같은 맘씨 착한 동생이 살았습니다. 동생이 형의 땅에 감자를 심어 절반씩 나누기로 했는데, 가을이 되자 형이 와서 말했습니다.

"너는 감자 포기 윗부분을 가져가거라. 나는 아랫부분을 갖겠다. 그 대신 내년에는 콩을 심어 내가 윗부분을 갖고 네가 아랫부분을 갖는 거다. 절반씩 나누기로 했으니까 틀린 말은 아니지?"

동생에게 감자 한 개, 콩 한 톨 주지 않겠다는 수작이었습니다.

그런데 이듬해에 콩을 심었더니, 날이 가물어 콩가지에 콩은 열리지 않고, 콩뿌리에 주렁주렁 콩이 열렸는데 그것이 땅콩이었더래요.

나는 콩과에 딸린 한해살이풀입니다. 북아메리카 원산으로 잉카제국 시대부터 가꾸던 농작물이었습니다. 아메리카 대륙 발견 이후, 유럽에 전해졌고 200년 전쯤 중국에서 우리나라로 전해졌다 합니다.

내 키는 60cm쯤이고, 줄기는 밑동에서 가지를 치며 사방으로 비스듬히 뻗지요.

잎은 겹잎인데 잎자루가 길며, 줄기에서 어긋나게 붙습니다. 작은잎은 타원형인데 밤이 되면 자귀나무처럼 잎을 오므립니다.

7~9월에 잎겨드랑이에 한 개씩 꽃이 핍니다. 꽃자루가 없고, 꽃자루처럼 보이는 긴 꽃받침통 끝에 나비꼴 꽃이 피는데, 꽃받침 조각, 꽃잎, 수술이 같이 달리지요.

꽃받침통 속에는 씨방이 한 개 있고, 실처럼 생긴 암술대가 길게 나옵니다.

꽃가루받이가 끝나면 씨방 밑부분이 자루처럼 길게 자라 땅속으로 들어가 열매를 맺지요. 땅콩, 내가 모래땅을 좋아하는 까닭은 씨방이 땅속에 들어가기 쉬워야 하기 때문입니다.

땅속에서 자라는 열매의 꼬투리는 허리가 잘록한 고치 모양이며 껍질이 단단하고, 노란 색깔에 그물 모양의 맥이 있지요. 열매 속에는 갈색 껍질에 싸인 긴 타원형의 씨가 1~3개 있는데 이것이 어린이가 좋아하는 땅콩입니다.

볶아서 어린이는 군음식으로 먹고, 아버지는 맥주 안주로 삼지요. 땅콩잼이나 과자를 만들어 먹기도 합니다. 땅콩기름은 먹기도 하지만 기계의 마찰을 줄이는 윤활유로도 쓰입니다.

고소한 맛이 나는 땅콩에는 지방과 단백질이 풍부하지요.

장미목 콩과 | *Arachis hypogaea* L. | 한해살이풀 | 원산지는 북아메리카. 우리나라 전역에서 심어 가꾼다 | 꽃 피는 때 : 7~9월
열매 익는 때 : 10월 | 쓰임새 : 식용, 약용

단군 이야기에도 등장하는 마늘

나는 마늘입니다. 백합과에 딸린 여러해살이풀이지요. 우리나라 음식에서 뺄 수 없는 양념으로 쓰여 왔으므로 농작물로 밭에 가꿉니다.

고대의 역사책인 『삼국유사』에는 단군의 아버지인 환웅이, 자기와 결혼을 하자는 두 아가씨를 시험해 본 이야기가 있습니다. 식품 중에서 가장 매운 마늘을 스무 개 주고, 쓰디쓴 쑥을 한 다발 주어서 먹게 했다는 것입니다. 참는 힘이 있는가를 본 것이지요.

이 시험에서 곰처럼 느긋한 아가씨 쪽이 매운 마늘을 먹고도 잘 참았으므로 나라의 어머니가 되었대요. 이리하여 단군이 태어나셨고, 단군과 물의 신의 따님인 비서갑 황후 사이에서 우리 겨레가 시작되었다 합니다.

이런 기록을 보면 우리나라에서는 아득한 옛적부터 마늘을 농작물로 가꾸었음을 알 수 있지요. 마늘의 원산지가 유럽이라는 설도 있습니다.

식용으로 쓰는 마늘쪽을 뿌리라고 생각하기 쉬우나, 사실은 마늘쪽 밑에 수염뿌리가 따로 달려 있지요. 뿌리로 보이는 마늘쪽 부분은 비늘줄기인데 5~6개의 쪽으로 나누어집니다. 추수가 끝난 늦가을에 밭이나, 물을 뺀 논에 마늘쪽을 심으면 싹이 돋아 겨울을 난 다음, 이듬해 봄부터 자랍니다. 잎은 어긋나며, 길고 잎 끝이 뾰족합니다.

잎겨드랑이에서 기다란 꽃줄기가 나오는데 이것을 마늘종이라 합니다.

7월이면 마늘종 끝에서 꽃이 피는데, 꽃술을 싸서 보호하는 꽃덮이 조각이 여섯 장, 수술이 여섯 개 있습니다.

꽃이 피면 그 자리에 살눈이 생기는데, 작지만 살눈은 마늘쪽을 닮았습니다. 이것을 마늘씨로 쓸 수도 있지요.

마늘을 거두지 않고 두면 여러해살이풀이 될 테지만 대개 모내기 무렵에 거두어 저장합니다.

마늘, 나는 마늘쪽과 잎, 마늘종, 모두가 식용으로 쓰이며, 특히 고추장에 담근 마늘장아찌는 입맛을 돋우는 식품입니다.

백합목 백합과 | *Allium sativum* for. *pekinense* Makino | 여러해살이풀 | 우리나라 전역에서 심어 가꾼다 | 꽃 피는 때 : 7월
열매 익는 때 : 8~9월 | 쓰임새 : 식용, 약용

메마른 땅에서도 잘 자라는
메밀

나는 메밀입니다. 마디풀과에 딸린 한해살이풀이며, 농작물이지요. 지방에 따라 모밀, 미물이라 부르기도 합니다. 서늘한 곳을 좋아하고 메마른 기후를 잘 견디기 때문에 들녘보다는 두메의 비탈밭에 많이 심어 가꾸었습니다. 우리나라에서는 산간지방이 많은 강원도가 그 주산지이지요.

나의 녹말은 국수나 과자의 원료가 되기도 하지만 특히 메밀묵의 재료가 됩니다.
키는 60~90cm쯤이며, 뿌리가 깊이 뻗어 있어 가뭄에 강하며, 마디가 있는 붉은 줄기는 속이 비어 있지요.
원줄기 아래쪽에서 두세 마디까지는 잎이 마주나지만 그 위의 마디에는 어긋납니다. 잎은 길이 3~10cm의 세모꼴, 또는 심장형입니다.
꽃은 흰색이며 여러 꽃이 무리지어 달립니다. 꽃덮이가 다섯으로 깊이 갈라지며, 그 안에 암술 하나와 수술 여덟 개가 있습니다. 암술 밑에는 꿀샘이 8~9개가 있어서 벌이 많이 모여듭니다. 벌꿀을 얻는 데 요긴한 식물이지요.
꽃이 피는 때는 7~10월이며, 열매가 익는 시기는 9~11월입니다. 열매는 지름 5~6mm쯤 되는 세모진 달걀꼴이며, 희다가 점점 붉어져 익을 무렵에는 검은색이 되지요. 열매 속에는 하얀 녹말이 가득 들어 있습니다.
메마른 땅에서도 싹이 잘 트고, 씨를 뿌려 거두는 기간이 60~100일 정도로 짧고, 좋지 않은 기후를 잘 이기는 식물이므로 날이 가무는 흉년에 생명을 구해 주는 고마운 농작물이었지요.

메밀, 나에게는 녹말 외에 단백질, 비타민 B_1과 B_2, 니코틴산 등 영양분이 있고, 루틴이란 성분이 기생충을 막아 주고, 혈압을 낮추는 작용을 합니다.
메밀류에는 약모밀도 있습니다.

약모밀

마디풀목 마디풀과 | *Fagopyrum esculentum* Moench | 한해살이풀 | 원산지는 중앙아시아. 우리나라 전역에서 심어 가꾼다
꽃 피는 때 : 7~10월 | 열매 익는 때 : 9~11월 | 쓰임새 : 식용, 약용

3대 채소의 하나인 무

나는 무입니다. 십자화과에 딸린 한해살이, 또는 두해살이풀입니다. 이집트의 피라미드에 나에 대한 기록이 있는 것으로 보아, 아주 옛날부터 채소로 썼음을 알 수 있지요. 원산지에 대해서는 지중해 연안이다, 중국이다, 하고 여러 설이 있습니다. 중국에서는 2,300여 년 전부터 재배했고, 우리나라에서는 삼국 시대부터 가꾼 것으로 짐작됩니다. 고려 시대부터는 중요한 채소로 여겼고, 조선 시대에 와서 많은 품종이 생기고, 재배법이 발달하였습니다. 지금은 배추, 고추와 함께 3대 채소의 하나로 손꼽히지요.

품종이 아주 많아서 저마다 모양이 다르고, 심어 가꾸는 시기와 쓰임이 다릅니다.

뿌리는 아주 큰 원기둥꼴이며 땅 위로 솟은 부분에 엽록소가 생겨 녹색을 띱니다. 보통 무라면 이 뿌리 부분을 가리키지요.

뿌리 위에 줄기가 있지만 뿌리와 구분되지 않는 품종이 대부분입니다.

뿌리에서 나온 잎은 어긋나며, 잎자루가 있고, 하나의 잎에 작은잎 여러 개가 깃꼴겹잎을 이룹니다. 작은잎은 모두 긴 타원꼴이며 털이 나 있고 가장자리에 톱니가 있는데, 맨 꼭대기 잎이 제일 큽니다.

잎 사이에서 나온 꽃줄기는 여러 가지를 내고 그 끝에 옅은 자주색, 또는 흰색 꽃을 답니다. 꽃잎과 꽃받침이 각각 넉 장이며, 수술이 여섯, 암술은 한 개이지요. 그러나 보통 꽃줄기가 올라오기 전에 나를 뽑아서 채소로 쓰기 때문에 꽃을 보기는 쉽지 않지요. 열매는 8~10월에 익는데, 길이 6~7cm쯤 되는 꼬투리 안에 두세 개의 붉은 갈색 씨가 들어 있습니다.

뿌리에는 살과 즙이 많으며, 비타민 C가 풍부하고, 소화를 돕는 효소인 디아스타제도 들어 있습니다.

나는 한국 전통음식의 재료로 쓰입니다. 총각김치, 깍두기, 생채, 말랭이가 되고 국을 끓여 먹기도 하지요.

내 형제로는 20일무, 북지무, 남지무 등 여러 품종이 있습니다.

양귀비목 겨자과 | *Raphanus sativus* var. *hortensis* for. *acanthiformis* Makino | 한해살이, 두해살이풀
우리나라 전역에서 심어 가꾼다 | 꽃 피는 때 : 4~5월 | 열매 익는 때 : 8~10월 | 쓰임새 : 식용

바가지를 만드는 박

나는 박입니다. 박과에 딸린 덩굴풀이지요. 신라 시조 박혁거세 왕이 박과 같은 알 속에서 태어났다는 이야기가 있습니다. 이것으로 미루어 우리나라에서는 아득한 옛적부터 박을 가꾸었음을 알 수 있지요.

흥부 놀부 이야기의 요술 박에서는 금이 나오고, 비단이 나오기도 합니다.

나의 씨는 야물고 단단해서 200일 이상 바다를 떠다녀도 땅에만 닿으면 싹을 틔웁니다. 그래서 바다를 건너다니며 씨를 퍼뜨려 왔습니다.

아프리카와 열대아시아 원산인 내가 아득한 옛적부터 우리 땅에 와서 바가지가 되어 준 것은 씨가 야물기 때문이지요.

초가집이 많을 때는 집 뒤안에 박씨를 심었습니다. 박씨에서 떡잎이 나고 덩굴이 벋을 즈음에 농부가 와서,

"지붕으로 박덩굴이 올라가게 손을 써야겠군."

하고 마른 나뭇가지와 막대기를 초가지붕에 걸쳐 줍니다. 그러면 나는 덩굴손으로 나뭇가지와 막대기를 검잡고 지붕에 기어올라 지붕 용마루를 넘어 다니며 하얀 꽃을 피우고, 여러 통의 박을 덩굴줄기에 답니다.

나의 잎은 덩굴줄기에 어긋나게 달리고, 덩굴손은 잎과 마주보게 납니다. 꽃은 잎겨드랑이에 한 송이씩 달리는데, 해 질 무렵에 꽃이 피어 이튿날 해 뜰 무렵에 시들기 시작합니다. 낮에 핀 박꽃은 없지요. 같은 덩굴에 수꽃과 암꽃이 따로 피는데, 통꽃이며 위쪽이 다섯 갈래로 나뉩니다. 암꽃 밑에 씨방이 달리고, 씨방이 커져서 박 열매가 됩니다. 꽃가루받이가 끝나고 열흘쯤 지나면 씨방이 갑자기 자라 큰 열매가 되지요.

열매가 다 익기 전에 오려서 말린 것이 반찬으로 쓰이는 '박고지' 입니다.

40~50일이면 지름이 30cm쯤 되는 큰 열매가 되는데, 씨를 빼고 켜서 바가지로 씁니다.

박꽃 피는 걸 보고
엄마는 저녁쌀을 안치고
저녁 연기 나는 걸 보고
하늘은 빨간 노을을 펴고
<신현득, '박꽃 피는 시간에' 일부>

박목 박과 | *Lagenaria leucantha* Rusby | 한해살이덩굴풀 | 원산지는 아프리카, 열대아시아. 우리나라 전역에서 심어 가꾼다
꽃 피는 때 : 7~9월 | 열매 익는 때 : 9~10월 | 쓰임새 : 식용, 약용

김치가 되어 주는 배추

나는 배추입니다. 십자화과에 딸린 두해살이풀이지요. 배추김치, 배추쌈, 배춧국으로, 우리나라 식생활에서 가장 많이 쓰이는 채소입니다. 중국 원산인데 우리나라에서는 고려 시대에 심어 가꾼 기록이 전해 옵니다. 나의 잎은 뿌리 근처에서 나는 것과 줄기에서 나는 잎으로 나누어 볼 수 있지요. 뿌리 근처에서 나는 잎은 옅은 녹색이며, 주름이 많고, 희고 넓은 잎맥이 있습니다. 여러 잎이 단단하게 겹쳐져 둥그런 공 모양의 포기를 이룹니다. 김치의 재료가 되고, 식용으로 쓰이는 것이 대개 이 부분이지요. 비타민을 비롯한 영양소가 듬뿍 들어 있습니다. 그러나 나는 품종에 따라 속이 차지 않는 것도 있지요.

줄기에 나는 잎은 위쪽이 좀 퍼지고, 아래쪽은 줄기를 단단하게 감싸지요.

꽃줄기 끝에 노란 빛깔의 꽃이 소복이 달립니다. 꽃받침이 넉 장, 꽃잎이 넉 장인데, 타원형의 꽃잎이 십(+)자꼴을 이룹니다. 암술이 하나, 수술이 여섯인데 넷은 길고 둘은 짧지요.

열매 속에는 얇은 막으로 가로막힌 방이 두 개 있으며, 다 익으면 껍질이 쪼개지면서 씨가 튀어나옵니다. 그러나 배추는 식용으로 쓰이기 때문에 씨를 받기 위해서 가꿀 때 말고는 꽃이나 씨를 보기가 힘들지요.

품종에 따라 좋아하는 기후와 온도가 다릅니다. 고랭지 배추는 선선한 기후를 좋아하는 종류입니다.

산동배추나 얼갈이배추는 속이 차지 않는 종류이며, 속이 꽉꽉 차는 결구배추와, 그 중간쯤 차는 반결구배추도 있습니다. 성장의 속도에 따라 조생종, 반생종이 있지요. 한국에서 개량한 배추에는 개성배추, 서울배추 등이 있습니다.

배추를 중요한 채소로 하는 나라는 세계적으로 한국과 중국, 일본 등 동양 세 나라이며, 유럽과 미국에서는 그다지 중요한 채소로 여기지 않지요. 샐러드용으로 조금 재배할 뿐입니다.

양귀비목 십자화과 | *Brassica campestris* subsp. *napus* var. *pekinensis* Makino | 두해살이풀 | 원산지는 중국, 우리나라 전역에서 심어 가꾼다 | 꽃 피는 때 : 4월 | 열매 익는 때 : 6월 | 쓰임새 : 식용

우리의 살이 되는 벼

나는 벼입니다.

벼과에 딸린 한해살이풀이지요. 나는 세 끼 '밥'으로 여러분의 생명을 이어 줍니다. 남부아시아의 야생벼가 나의 조상인데, 우리나라에는 3천 년 전쯤부터 심어 가꾼 흔적을 발견했다 합니다.

세종대왕이 농민을 위해서 엮은 『농사직설』에는 못자리 만드는 법, 모내기 하는 법, 밭벼 가꾸는 법을 가르치고 있습니다.

우리나라는 벼농사가 으뜸이었으므로, 모든 생활 풍습이 벼 가꾸기에 맞추어졌습니다.

알찬 볍씨는 소금물에 담가 보면 압니다. 소금물에 가라앉는 볍씨를 물에 헹구고 싹을 틔운 다음, 못자리에 뿌리지요.

잎이 세 장 날 때까지는 씨앗 속의 양분을 쓰고, 그 이후에는 광합성으로 만든 양분과 뿌리에서 빨아올린 물과 무기물로 자랍니다. 물이 충분하면 싹이 먼저 나오지만 물이 부족한 땅에서는 뿌리가 먼저 나오지요.

잎이 5~7장 났을 때 못자리에서 논으로 모내기를 합니다. 줄기의 마디는 12~18개이며, 잎의 수에 2를 더한 것과 같습니다.

잎은 어긋나고, 마디에서 하나씩 나오는데 가늘고 길며 끝이 뾰족합니다.

모 뿌리가 자리 잡으면 논에

물을 대고, 거름을 주고, 병충해를 없애려고 농약을 뿌리며, 논을 매어 잡초를 없앱니다. 마지막 잎이 잎집에서 나오면 바로 꽃이 피는데, 껍질 두 개 사이에 암술 하나와 수술 여섯이 모여 있습니다. 꽃가루받이를 한 지 25일이면 낟알이 생기고 35일이면 벼가 익지요.

신라 때 방이라는 착한 사람이 살았습니다. 맘씨 나쁜 동생이 볍씨를 볶아서 주었는데, 그것을 심었더니 겨우 한 이삭이 나서 익었습니다. 그래도 논둑에서 새를 쫓고 있는데, 새가 날아와서 벼이삭을 물고 달아나더랍니다.

"이놈의 새가 일년 농사를 다 물고 가네!"

방이는 소리 지르며 새를 따라갔지요. 그러다가 새가 가르쳐 준 도깨비 집에 가서 요술 방망이를 얻었답니다. 새를 쫓다가 부자가 되었지요.

벼목 벼과 | *Oryza sativa* L. | 한해살이풀 | 우리나라 전역에서 심어 가꾼다 | 꽃 피는 때 : 7~9월 | 열매 익는 때 : 9~10월 | 쓰임새 : 식용

부추김치가 되어 주는 부추

나는 부추입니다. 지방에 따라서 '정구지'나 '솔'이라는 이름으로도 불리지요. 백합과에 딸린 여러해살이풀입니다. 동부아시아 원산으로 우리나라, 중국, 일본, 태국, 필리핀 등 여러 나라에서 가꾸어 식용으로 이용합니다. 중국 서부지방과 인도에서는 지금도 야생 부추가 발견된다고 합니다.

내 키는 30~40cm쯤이며, 땅속에서 땅속줄기를 뻗으면서 포기를 늘리므로 무리를 지어 자랍니다.

비늘줄기 밑에 뿌리가 나고, 잎은 어긋나며 줄기의 밑동에서 위로 바로 서듯이 자라는데, 모양은 가늘고 길지요.

먹는 부분은 주로 잎인데 잘 자란 잎은 30cm쯤 됩니다.

보통 봄에 씨앗을 뿌리며, 7~10일에 싹이 트고, 1년 동안 대여섯 번 잎을 잘라 먹을 수 있습니다.

이듬해 7~8월이면 연약한 잎 사이에서 꽃줄기가 올라와 하얀 꽃을 피웁니다.

그러나 씨를 받지 않으려면 싱싱한 잎을 먹기 위해서 꽃줄기를 잘라 버려야 합니다. 잎으로 갈 양분이 꽃피우고 열매 맺는 데에 쓰이지 못하도록 하는 겁니다.

꽃줄기의 길이는 30~50cm에 이르며 꽃은 우산 모양의 꽃차례를 이룹니다. 꽃줄기 끝에 가지가 여럿 생기고 그 끝에 하얀 꽃이 하나씩 달리는데 모두 20~30송이에 이릅니다. 꽃잎은 아랫부분이 붙어 있고 끝이 여섯 갈래로 갈라집니다. 수술은 여섯 개이며 꽃밥은 노랑 빛깔을 띱니다.

열매는 9~10월에 익는데, 열매가 말라 세 갈래로 벌어지면서 심장꼴 까만 씨 여섯 개가 떨어집니다.

부추, 나는 심장과 간장과 위의 기능을 도와주고, 화상 치료에 효과가 있습니다.

목이 붓고 아플 때 잎을 찧어서 살짝 볶은 다음, 목에 붙이면 잘 낫지요.

로마의 네로 황제도 연설을 할 때는 목청을 돋우려고 부추를 약으로 이용했다 합니다.

우리나라에서는 부추를 양념으로도 쓰고, 김치를 담가 먹고, 전도 부쳐 먹지요. 부추김치, 부추전! 생각만 해도 침이 돌지요. 냠냠.

백합목 백합과 | *Allium tuberosum* Roth. | 여러해살이풀 | 원산지는 동부아시아. 우리나라 전역에서 심어 가꾼다 | 꽃 피는 때 : 7~8월
열매 익는 때 : 9~10월 | 쓰임새 : 식용, 약용

쌈과 샐러드의 재료가 되는

상추

나는 상추입니다. 지방에 따라 '부루' 또는 '상치'라 부르기도 하지요. 나는 국화과에 딸린 한해살이풀입니다. 전 세계에서 널리 심어 가꾸는 채소인데, 원산지는 유럽이나 아프리카, 서부아시아라는 설이 있습니다.

수천 년 전부터 나를 채소로 가꾼 사실이 이집트의 벽화에서 밝혀졌고, 2천 500년 전에 페르시아 왕의 식탁에 올랐다는 기록이 있다 합니다. 우리나라에서는 오래 전에 중국을 거쳐 씨앗이 전해진 것으로 짐작됩니다.

줄기는 1m쯤 자라며, 가지를 많이 내고, 잎과 줄기에는 털이 없습니다.

뿌리에서 생기는 잎은 모여나고 타원형으로 넓고 크며, 줄기에 달리는 잎은 어긋나며 점점 작아지면서 줄기를 감쌉니다. 가장 큰 잎의 길이는 20~35 cm, 너비가 25~30 cm쯤입니다.

6~7월에 가지마다 노란 빛깔의 예쁜 꽃을 한 이삭씩 달지요. 그것이 한 송이의 꽃처럼 보이지만 실제는 여러 꽃이 모여 두상꽃차례를 이룹니다.

꽃을 받치고 있는 총포는 원통꼴이며, 총포

꽃핀 모습

조각이 기왓장처럼 포개져 있습니다.

씨가 다 자라면 하얀 갓털이 생기며, 바람을 따라 날아가 흩어집니다. 상추씨를 거두려면 갓털이 생길 때쯤 줄기를 잘라서 보자기나, 신문지에 싸 두어야 합니다. 줄기가 마른 뒤에 꽃을 털면 씨앗을 얻을 수 있지요.

상추, 나는 품종에 따라 잎의 모양과 크기, 색깔과 맛이 다릅니다. 진딧물 외에는 해충이 꾀지 않는 것이 특징이지요.

쌈, 샐러드, 겉절이 등에 쓰이는 부분은 뿌리에서 나는 잎과 줄기 아래쪽에 돋는 잎입니다. 비타민과 무기질이 풍부하고 피를 만드는 효능이 있으므로 건강을 도와주는 신선한 식품입니다. 씨는 혈압을 내리고 통증을 줄이는 약재로 쓰이기도 하지요.

초롱꽃목 국화과 | *Lactuca sativa* L. | 두해살이풀 | 우리나라 전역에서 심어 가꾼다 | 꽃 피는 때 : 6~7월 | 열매 익는 때 : 8~9월
쓰임새 : 식용, 약용

여러 음식에 양념으로 쓰이는
생강

나는 생강입니다.

생강과에 딸린 다년생풀이지요. 조상이 살던 원산지는 인도를 중심한 열대지방이었습니다.

어린이 한문 공부 책인 『천자문』에 '채소에서 중요한 것은 겨자와 생강이다. (채중개강 菜重芥薑)'라는 구절이 있지요. 이것으로 보아 중국에서는 『천자문』을 처음 지은 5, 6세기 이전부터 생강을 양념으로 사용했음을 알 수 있습니다.

우리나라에서는 고려 현종 때인 1018년에 생강을 썼다는 기록이 전합니다. 그러나 그보다 훨씬 이전에 생강을 식품으로 썼을 것입니다.

나의 덩이줄기를 보통 생강이라 하는데, 땅속에서 양분을 저장하여 울퉁불퉁 굵어진 못난이입니다. 맵고 향기가 나지요.

덩이줄기 마디에서 잎집으로 된 헛줄기가 곧게 올라오면 여기에 잎이 두 줄로 달립니다. 잎모양은 대나무 잎과 비슷하며 끝이 뾰족하고 긴 타원형입니다. 길이는 15~30cm이며 덩이줄기에서 여러 헛줄기가 나와서 무더기를 이룹니다.

우리나라에는 기후가 맞지 않아 꽃이 피지 않지만 열대나 아열대지방에서는 꽃이 피지요. 우리나라에서도 온실에 가꾸면 꽃이 핍니다.

꽃은 꽃턱 사이에서 나오며, 20cm쯤 되는 꽃줄기 끝에 꽃이삭이 달립니다. 꽃잎은 세 갈래로 갈라진 조각꽃이며, 뾰족한 모양입니다. 꽃빛깔은 노란빛이 도는 녹색인데, 암술대는 실처럼 가늘고 옅은 자주색입니다. 꽃이 피는 계절은 8월이며, 열매는 9~10월에 익지요.

덩이줄기는 여러 음식에 양념으로 쓰입니다. 김치를 담글 때 버무림 양념에는 빠뜨릴 수 없지요. 국과 찌개를 끓일 때는 비린 냄새를 줄이려고 쓰고, 차나 술을 만들어 마시기도 합니다.

생강, 나는 씨앗이 아닌 덩이줄기로만 번식하며, 열대식물이기 때문에 중부지방 이남에서만 농작물로 가꿀 수 있습니다.

우리나라 생강의 91%를 충남과 전북에서 생산하고 있습니다.

생강, 나는 특히 한약재로 많이 쓰이는데, 열을 내리고 몸을 따뜻하게 하며, 가래를 없애는 데 효력이 있답니다

백합목 백합과 | *Zingiber officinale* Rosc. | 여러살이해풀 | 원산지는 인도. 우리나라 중부지방 이남에서만 심어 가꾼다. | 꽃 피는 때 : 8월
열매 익는 때 : 9~10월 | 쓰임새 : 식용, 약용

여름철에 더위를 식혀 주는

수박

나는 수박입니다.

박과에 딸린 한해살이덩굴풀이지요. 아프리카 원산으로 고대 이집트에서 수천 년 전부터 가꾸었다 합니다.

아프리카에서 가까운 서아시아에서도 오래 전부터 가꾸었지만, 우리나라에서는 조선시대에 와서 심었다 합니다.

나는 물이 잘 빠지는 땅을 좋아하지요. 기온이 높고 햇볕을 오래 쪼여야 수확을 잘 할 수 있습니다.

덩굴줄기는 2m 정도로 길게 뻗으면서 가지를 냅니다. 날개 모양인 잎은 깊이 갈라지고, 길이는 10~18cm입니다.

5~6월에 잎겨드랑이에서 꽃줄기가 나와 연노랑 빛깔의 꽃을 한 송이씩 다는데, 한 그루에서 암꽃과 수꽃이 따로 피지요.

꽃지름은 3.5cm쯤이며, 끝이 다섯 갈래로 갈라지고, 역시 다섯 갈래로 갈라진 꽃받침이 꽃을 받칩니다.

수꽃에는 세 개의 수술이, 씨방을 가진 암꽃에는 암술머리가 세 갈래로 갈라진 암술 한 개가 있습니다. 열매는 7~8월에 익는데 품종에 따라 차이는 있지만 보통 둥글거나 타원형이며, 무게가 5~6kg에 이릅니다.

껍질 무늬는 품종에 따라 다르지만 보통 녹색 바탕에 검푸른 얼룩무늬입니다.

껍질 안쪽, 열매의 살 부분을 과육이라 하는데, 과육 색깔이 보통은 빨갛지만 품종에 따라 노랑과 흰색도 있습니다.

과육은 물이 많고 맛이 달아서 더위를 식혀 주고 오줌을 잘 걸러 줍니다. 그 때문에 더운 여름에 즐기는 과일이 되었습니다.

수박 한 통에는 검고 납작한 씨가 500개쯤 들어 있지요. 그러나 품종 개량으로 씨가 적거나 씨가 거의 없는 수박이 나타났습니다. 우리나라 우장춘 박사는 씨 없는 수박을 개량한 분으로 유명하지요.

현재 우리나라에서는 비닐 온상을 이용하여 계절에 관계없이 수박을 생산하지요.

수박의 꽃말은 '큰마음' 입니다.

박목 박과 | *Citrullus vulgaris* Schrad. | 한해살이덩굴풀 | 원산지는 아프리카. 우리나라 전역에서 심어 가꾼다 | 꽃 피는 때 : 5~6월
열매 익는 때 : 7~8월 | 쓰임새 : 식용, 약용

채소로도 화초로도 쓰이는

쑥갓

나는 쑥갓입니다. 국화과에 딸린 한해살이, 또는 두해살이풀이지요. 나를 처음 가꾸기 시작한 곳은 지중해 연안이라 합니다.
"꽃이 예쁘군. 화초로 가꾸어 보자."
이곳 사람들은 꽃을 보려고 나를 꽃밭에 심기 시작했지요.

그런데 동양 사람들은,
"꽃도 좋지만 그보다 맛있는 채소가 되겠는걸."
하고 채소밭에 나를 가꾸기 시작했습니다. 원산지에서는 꽃을 즐기던 것이 여기서는 맛을 즐기게 된 것입니다.
우리나라를 비롯한 동양 사람들이 나를 채소로 가꾸게 된 데에는 그만한 이유가 있지요. 비타민 A, B, C가 풍부하고, 칼슘이 많아서 몸에 좋기 때문입니다. 또한 나는 독특한 향기가 나서 입맛을 당기지요.
이러한 나를 우리나라에서 가꾸기 시작한 것은 조선시대 이전부터라고 합니다.
"쌈에 곁들이니 쌉쌀한 맛이 좋군."
"생선에 넣어서 지지거나 볶아 보세요. 비린내가 가셔요."
"된장에 넣어서 끓여도 좋지."
상큼한 향기가 입맛을 돋우고, 위와 장을 튼튼하게 해 준다며 우리나라 사람이 즐겨 먹었습니다.
나는 4월에 씨를 뿌려, 5월부터 꽃이 필 때까지 잎채소로 먹을 수 있습니다. 근래에는 추운 겨울에도 온상에서 가꾼 쑥갓이 시장에 나오고 있지요.
나의 키는 30~60cm쯤이며, 잎과 줄기에는 털이 없습니다. 잎은 어긋나고, 두 번 깃 꼴로 깊이 갈라집니다. 잎자루는 없고 잎 아래쪽이 좁아지면서 줄기를 감쌉니다.
6~8월에 원줄기와 가지 끝에 두상꽃차례의 노랗고 예쁜 꽃이삭이 하나씩 달립니다. 지름이 3cm쯤인 꽃이삭은 둘레의 혀꽃과 가운데의 대롱꽃으로 되어 있습니다.
열매는 7~8월에 익는데 길이가 2.5mm쯤 되는 작은 기둥꼴이며 모서리가 서너 개 나 있습니다.
변비와 가래를 없애는 효능이 있어서 약으로 쓰기도 하지요.

초롱꽃목 국화과 | *Chrysanthemum coronarium* var. *spatiosum* Bailey | 한해살이, 두해살이풀 | 원산지는 지중해. 우리나라 전역에서 심어 가꾼다 | 꽃 피는 때 : 6~8월 | 열매 익는 때 : 7~8월 | 쓰임새 : 식용, 약용

어린이를 잘 자라게 하는

양파

나는 양파입니다.

백합과에 딸린 두해살이풀이지요. 원산지는 중앙아시아나 서아시아로 짐작됩니다. 고대 이집트에서 피라미드를 쌓는 데서 일하는 사람들에게 양파를 나누어 주었다는 기록이 있는 것으로 보아 4천 년 이전부터 나를 중요한 채소로 여겼던 것을 알 수 있지요. 우리나라에서는 조선시대부터 심었습니다.

사람들은 양파에서 먹는 부분을 뿌리로 생각하지만, 뿌리가 아닌 비늘줄기입니다. 비늘줄기 밑에 수염뿌리가 나는 것을 보아도 뿌리가 아님을 알 수 있지요.

양파, 나는 품종에 따라 가꾸는 방법이 조금씩 다르지만, 보통 가을에 씨앗을 뿌려 이듬해 5~6월에 거두어들입니다. 더 일찍이 거두어 싱싱한 잎을 먹기도 하지요.

비늘줄기는 지름이 10cm쯤이지만 품종에 따라 공 모양이거나 달걀 모양입니다. 겉에 엷은 갈색 막으로 된 껍질이 덮여 있습니다. 잎은 어긋나고, 파처럼 속이 비어 있고 끝이 뾰족합니다.

잎 사이에서 50~100cm 되는 꽃줄기가 나와 꽃이 피는데, 꽃줄기 끝에 길이가 짧은 꽃자루가 여러 개 나와 사방으로 퍼지면서 공 모양의 꽃이삭이 됩니다. 작은 꽃에는 수술이 여섯, 암술이 하나입니다. 씨는 작고 검으며 주름이 져 있습니다. 대개는 씨앗을 뿌려 가꾸지만 양파 형제 중에는 비늘줄기가 갈라져서 퍼지는 품종이 있고, 마늘처럼 꽃에 작은 비늘줄기가 생기는 종류도 있지요.

비늘줄기는 매운맛이 나지만 비타민과 칼슘이 풍부해서 어린이가 먹으면 잘 자라게 되고 뼈를 튼튼히 해줍니다. 그 밖에도 고혈압, 당뇨병, 심장병 치료에 도움을 주고, 소화를 돕고, 피를 잘 돌게 하며, 피에 섞인 나쁜 물질을 말끔히 없애 줍니다.

나의 잎에도 비타민 A와 칼슘, 마그네슘 등 영양분이 들어 있지요.

백합목 백합과 | *Allium cepa* L. | 우리나라 중부, 남부에서 심어 가꾼다 | 꽃 피는 때 : 9월 | 열매 익는 때 : 10월 | 쓰임새 : 식용, 약용

여름의 열매채소
오이

나는 오이입니다. 박과에 딸린 한해살이덩굴풀이지요. 열매를 먹으려고 가꾸는 농작물이기도 합니다. 인도 서북부가 원산지이며, 세계에서 널리 재배합니다. 서아시아에서 3천여 년 전부터 열매채소로 가꾸었으며, 우리나라에서는 통일신라시대에 들여와 심었다 합니다.

햇볕이 잘 들고 바람이 잘 통하는 곳을 좋아하며, 기온이 낮으면 자라지 못합니다.
밭에 오이를 가꿀 때는 햇볕과 기온 조건이 맞아야 합니다.
덩굴줄기에는 온몸에 털이 나고, 잎겨드랑이에서 덩굴손이 나와 다른 물체를 감으면서 올라갑니다. 오이를 가꿀 때는 줄을 매거나 버팀목을 세워 감고 올라가게 해야 합니다.
잎은 어긋나고, 잎자루가 길며, 얕게 갈라진 손바닥 모양인데, 가장자리에 톱니가 있고, 잎면이 거칠고 껄끄럽지요.

호박, 박, 수박처럼 한 그루에 암꽃과 수꽃이 따로 5~6월에 꽃을 피우는데, 꽃빛깔은 노랗고, 꽃부리는 다섯으로 갈라집니다. 수꽃에는 세 개의 수술이 있고, 암꽃에는 가시 같은 돌기가 난 씨방이 있지요.

열매는 7~8월에 익는데, 다 익은 열매는 노르스름한 빛깔이며 길이가 15~30 cm쯤 되는 원기둥꼴입니다. 껍질에 가시가 돋은 흔적이 두툴두툴합니다.

다 익기 전에 날로 먹거나 오이소박이김치, 서양식 음식인 샐러드, 피클 등을 만들고, 다 익은 오이는 장아찌를 담가 먹지요.
열매의 즙은 뜨거운 물에 데었을 때 약으로 바르고, 땅속줄기나 잎은 오줌을 잘 걸러내게 하고, 독을 없애는 데에 약재로 씁니다.
오이는 여러 품종이 있는데, 각각 그 나라의 기후 조건에 맞게 개량이 되었습니다.
근래에는 온실을 이용하여 추운 겨울에도 오이를 시장에 내어놓습니다. 그러나 가장 많이 생산하는 때는 여름이지요.
나는 95%가 수분이며, 다양한 비타민류와 약간의 무기질이 들어있습니다.

박목 박과 | *Cucumis sativus* L. | 한해살이덩굴풀 | 원산지는 인도. 우리나라 전역에서 심어 가꾼다 | 꽃 피는 때 : 5~6월
열매 익는 때 : 7~8월 | 쓰임새 : 식용, 약용

하모니카가 들어 있는
옥수수

나는 옥수수입니다. 벼과에 딸린 한해살이 풀이지요. '강냉이'라는 이름으로도 불립니다. 열대아메리카 원산으로 특히 인디언이 가꾸어 주식으로 먹던 농작물이라 합니다. 1492년 아메리카 대륙 발견으로 유럽에 전해졌고, 30년 동안에 전 유럽에서 가꾸게 되었는데, 우리나라는 고려 말엽에 고려를 침략했다가 쫓겨난 원나라 군사가 전해 와 가꾸었다 합니다.

나는 키가 1.5~2.5m에 이르며 가지를 내지 않지요.

잎은 마디에서 나는데 잎자루가 없고 잎집이 되어 줄기를 감싸고 너울거립니다. 길쭉한 잎은 1m 길이가 되고 너비는 5~10cm쯤입니다.

씨앗을 뿌리고 100일쯤 지나면 꽃이 피는데, 일반 꽃과는 아주 다른, 괴짜 모양이지요.

수꽃 이삭은 줄기 끝에 피뢰침 모양으로 달리고, 암꽃 이삭은 줄기 겨드랑이에 업은 아기처럼 달려, 몇 장의 싸개잎에 싸여 있습니다.

여러 개의 씨방에서 긴 비단실 같은 암술대의 다발이 싸개잎 밖으로 늘어지는데 이것을 옥수수 수염이라 하지요.

수꽃이 암꽃보다 이틀 정도 먼저 피고, 보통 꽃과는 달리 바람이 꽃가루받이를 시켜 줍니다.

8~9월에 열매가 익는데, 지름 6mm 크기의 옥수수알 15~20줄이 하모니카 모양의 이삭에 세로로 박혀 있습니다. 알 한 줄은 30개쯤 됩니다.

옥수수 이삭을 옥수수 자루라 하지요. 찐 옥수수를 먹을 때는 이삭 양쪽을 잡고 하모니카를 불 때처럼 몸을 놀립니다. 다 까먹은 옥수수 이삭에는 하모니카처럼 네모난 구멍이 나란히 나타납니다.

옥수수나무 열매에
하모니카가 들어 있네.
니나니 나나나 니나니나
니나니 나나나 니나니나

윤석중 노랫말 김성태 곡으로 된 동요입니다.

하모니카가 들어 있는 옥수수는 어린이의 먹을거리 동무입니다. 쪄서 먹고, 튀겨서 튀밥으로 먹고, 과자를 만들어 먹지요.

그림은 개량한 옥수수 품종입니다.

벼목 벼과 | *Zea mays* L. | 한해살이풀 | 원산지는 열대아메리카. 우리나라 전역에서 심어 가꾼다 | 꽃 피는 때 : 7~8월
열매 익는 때 : 8~9월 | 쓰임새 : 식용, 약용, 사료용

새봄을 알리는
유채꽃

나는 유채입니다. '평지'라는 이름으로 불리기도 하지요. 십자화과에 딸린 두해살이풀이며 기름을 얻으려고 가꾸는 농작물이기도 합니다.

내가 자라는 곳은 주로 우리나라 남부지방입니다. 지중해, 중앙아시아의 고원 지대, 스칸디나비아 반도, 시베리아, 카프카즈 지방 등이 유채 품종의 원산지입니다. 그래서 원산지에 따라 품종이 다릅니다.

줄기는 높이 80~150cm쯤으로 자라고, 온몸에 짧은 털이 빽빽이 납니다.

곁가지를 많이 내는데, 하나의 줄기에서 15개 정도의 곁가지가 나오고, 곁가지에서 두 번째 곁가지가 2~4개씩 나옵니다.

잎은 어긋나고, 줄기 아래쪽 잎은 잎자루가 나고 둔한 톱니가 있지요. 줄기 위쪽의 잎은 타원형이며 잎자루 없이 줄기를 감쌉니다.

이른 봄 4월에 지름 1cm 정도의 노란 꽃이 작은 꽃자루 끝에 달리는데 꽃잎과 꽃받침은 모두 넉 장씩 모여 십(+)자 모양을 만듭니다.

꽃모양은 배추꽃과 비슷하지요. 암술 한 개에 수술은 여섯 개인데 네 개는 길고 두 개는 짧으며, 한 송이 꽃에 꿀샘이 네 개 있습니다.

열매는 5~6월에 익으며, 열매 껍질이 다 익으면 가운데 줄이 갈라지면서 검은 씨가 튀어나옵니다.

열매 꼬투리 하나에 보통 스무 개 정도의 씨가 들어 있습니다. 씨의 38~45%는 기름 성분이지요.

어린잎은 나물로 먹기도 하지만, 유채 기름은 약재로 쓰이고, 먹기도 하고, 기계기름으로도 쓰입니다.

세계적으로는 16세기부터 기름을 얻으려고 유채를 가꾸었다 합니다. 우리나라에서는 1960년대에 들어서 본격적으로 심어 가꾸었는데 역시 기름을 얻기 위해서였습니다. 그러다가 근래에는 관광지의 바닷가나 강가를 아름답게 꾸미려고 많이 심지요. 아직 겨울 추위가 가시지 않은 때에 노란 유채꽃이 땅을 뒤덮어 관광객을 끌어들입니다.

'제주도에 유채꽃이 피었다!'

이것은 우리나라 남쪽에 봄이 왔음을 알리는 소식입니다.

양귀비목 십자화과 | *Brassica campestris* subsp. *napus* var. *nippo-oleifera* Makino | 두해살이풀 | 우리나라 남부지방에서 심어 가꾼다
꽃 피는 때 : 4월 | 열매 익는 때 : 5~6월 | 쓰임새 : 관상용, 식용, 약용

빨간 물을 들여 주는 잇꽃

나는 잇꽃입니다. 국화과에 딸린 두해살이풀이지요. 염색 기술이 발달하지 못한 옛날에는 붉은색을 물들이는 염료로 쓰려고 가꾸었습니다. 파란색을 물들이는 쪽과 함께 아주 귀한 식물로 여겨 왔지요.

쪽 들이고 잇 들여서
청홍(青紅)이 색색이라.
< '농가월령가'의 한 구절>

정학유 선생 지음으로 알려진 농촌의 노래 '농가월령가'를 읽으면, 쪽과 잇꽃으로 비단을 물들여 옷을 지어 입던 옛 시대를 짐작할 수 있습니다.
잇꽃, 나는 옷과 종이에 물을 들이고, 화장품인 연지의 원료가 되었습니다. 나를 '연지꽃'이라 부르는 것도 화장품의 원료가 되기 때문이지요.

잇꽃, 나는 키가 1m쯤 자라는데, 가시는 많지만 털이 없습니다.
잎은 어긋나고, 잎 끝이 뾰족하며 가장자리의 톱니 끝이 가시처럼 되어 있습니다.
7~8월에 피는 꽃은 처음에 노란 빛깔을 띠다가 차츰 붉은색이 되는데, 꽃 모양이 엉겅퀴를 닮았습니다. 꽃은 원줄기 끝과 가지 끝에 하나씩 달리는데, 길이 2.5 cm, 지름 2.5~4 cm쯤이며, 가시가 난 턱잎에 싸여 있습니다.
씨는 9월에 익으며, 길이 6mm쯤 되는 씨에 짧은 갓털이 나지요.
내 조상의 고향은 이집트인데, 우리나라에서 오랜 옛날부터 가꾸어 왔다 합니다. 삼국 시대 이전인 낙랑 시대의 무덤에서 잇꽃으로 물들인 베 조각이 나온 것을 보아도 알 수 있지요.
잇꽃을 나물로 먹기도 하지만 풀 전체가 약재로 쓰이는데, 피를 맑게 하고, 부인병과 골다공증에 약효가 있다 합니다. 꽃이 화려하고 오래 가기 때문에 꽃꽂이 재료로 쓰이기도 하지요.

꽃말은 '새색시' 입니다.

초롱꽃목 국화과 | *Carthamus tinctorius* L. | 두해살이풀 | 원산지는 이집트. 우리나라 남부지방에서 심어 가꾼다 | 꽃 피는 때 : 7~8월
열매 익는 때 : 9월 | 쓰임새 : 식용, 약용, 염료용

비료를 많이 지닌 자운영

나는 자운영입니다. 콩과에 딸린 두해살이풀이지요. 몸에 지닌 비료로 옆에 자라는 식물을 도와주고, 땅을 기름지게 해서 '비료풀'이라 부르기도 합니다. 밭둑이나 길섶, 빈터에서 절로 나 자라기도 하지만, 메마른 땅을 기름지게 하려고 가꾸기도 하지요. 땅을 기름지게 할 수 있는 까닭은 콩과 식물인 내 뿌리에 뿌리혹박테리아가 많이 살기 때문입니다.

벼를 거둔 논에 자운영 씨를 뿌리면 싹이 나서 겨울을 납니다.
이듬해 자운영, 내가 자랐을 때 갈아엎고 모내기를 하면 기름진 땅이 되어 벼가 잘 자랍니다.

높이가 10~25cm쯤 되며, 줄기는 밑동부터 가지를 많이 내고 옆으로 자라다가 곧게 서지요.

잎은 어긋나며, 콩과 식물의 특성 그대로 작은잎 9~11장이 깃꼴겹잎을 만듭니다.

작은잎은 길이가 0.6~2cm쯤 되며, 타원형으로 끝이 둥그스름합니다. 잎자루가 시작하는 부위에 있는 턱잎은 달걀꼴이며 끝이 뾰족하지요.

줄기에는 흰 털이 나고, 꽃은 콩과 식물이 모두 그렇듯이 나비꼴이며, 꽃빛깔은 분홍이거나 흰색입니다.

꽃잎 다섯 장은 저마다 생김새가 다르며, 꽃받침 가장자리에는 톱니가 있지요. 수술은 열 개나 되는데, 아홉 개는 붙어 있고, 한 개는 떨어져 있으며, 떨어진 수술 밑에 꿀샘이 있습니다. 꽃은 10~20cm쯤 되는 꽃자루 끝에 7~10송이가 한데 모여 우산 모양의 꽃차례를 만듭니다.

6월에 열매가 익는데, 열매 꼬투리 속은 두 칸으로 나뉘고, 길이 2~2.5cm쯤 되는 노랗고 납작한 씨가 2~5개 들어 있습니다.

자운영, 나의 원산지는 중국이며, 우리나라에서는 주로 남부지방에서 재배합니다. 벌을 키우는 집에서는 꿀을 얻으려고 집 둘레에 가꾸기도 하지요.

풀 전체가 약재로 쓰이고, 가축의 먹이가 되기도 합니다.

장미목 콩과 | *Astragalus sinicus* L. | 두해살이풀 | 원산지는 중국. 우리나라 남부지방에서 심어 가꾼다 | 꽃 피는 때 : 4~5월
열매 익는 때 : 6월 | 쓰임새 : 식용, 약용

남빛 물감 원료가 되는 쪽

명주를 끊어내어
추양(秋陽)에 마전하고
쪽 들이고 잇 들이니
청홍(靑紅)이 색색이라.
< '농가월령가' 8월령 일부>

조선시대 가사인 '농가월령가'를 읽으면, 우리 조상들이 쪽과 잇꽃으로 비단에 물을 들였던 사실을 알 수 있습니다. 남색 물감으로는 쪽, 빨간 물감으로는 잇꽃을 썼지요. 쪽과 잇은 농가의 어느 집에서나 텃밭에 가꾸는 물감풀이었습니다. 그러나 현대적 염료가 생기고부터 사람과 친해 왔던 쪽과 잇꽃이 희귀식물이 되었습니다.

나는 쪽입니다. 마디풀과에 딸린 한해살이풀이지요. 중국 원산으로 우리나라에서 오랜 옛날부터 가꾸어 왔습니다.

키는 50~60cm쯤 되며, 같은 마디풀과 식물인 여뀌를 닮았습니다. 줄기는 붉은 보랏빛이며, 가지를 내고, 마디가 여러 개 있습니다.

잎은 어긋나고, 잎자루는 짧으며, 잎모양은 긴 타원형인데 잎끝이 뾰족하지요. 잎맥이 또렷하고 가장자리에는 톱니가 없어 밋밋합니다. 턱잎은 줄기를 싸고 있는 잎집 모양이며, 가장자리에 털이 있습니다.

8~9월에 여러 개 붉은 꽃이 다닥다닥 매달려 여뀌꽃을 닮은 꽃이삭을 이루는데, 이처럼 꽃이삭을 이루는 꽃의 배열을 수상(穗狀) 꽃차례라 하지요. 꽃이삭은 원줄기와 잎겨드랑이 위쪽에 달리며, 암술, 수술을 싸고 있는 꽃덮이는 다섯 개로 깊이 갈라지고, 갈라진 모양은 거꾸로 놓은 달걀꼴입니다.

수술이 6~8개인데 꽃덮이보다 짧으며, 밑에 작은 꿀샘이 있고, 꽃밥은 연붉은 색입니다. 씨방은 작은 타원꼴이며 끝에 세 개의 암술대가 있지요.

씨는 익어도 터지지 않는 수과이며, 한 개의 씨가 꽃덮이에 싸여 있습니다.

잎을 말리면 검은빛이 도는 남색이 되지요. 이것이 남색 물감의 원료가 됩니다.

'남(藍)색'이란 쪽을 뜻하는 한자에서 온 말이며, 쪽빛을 말합니다.

꽃밭이나 화분에 쪽을 심어 가꾸어 보세요. 옛것을 배우는 좋은 공부가 될 것입니다.

마디풀목 마디풀과 | *Persicaria tinctoria* H. Gross | 한해살이풀 | 원산지는 중국. 우리나라 전역에서 심어 가꾼다 | 꽃 피는 때 : 8~9월
열매 익는 때 : 10월 | 쓰임새 : 염료용, 약용

여름철 간식이 되어 주는
참외

나는 참외입니다. 박과에 딸린 한해살이덩굴풀이지요. 여름 한 철 간식이 되면서 어린이와 친해 왔습니다. 근래에는 온실에서 재배한 참외가 사철 과일 가게에 나오지요.

나의 조상은 인도에서 나는 야생 참외였다 합니다. 우리나라에서는 삼국 시대부터 가꾸어 왔고, 중국에서는 기원전부터 재배하여, 5세기에 현대 품종의 기본이 이루어졌다 합니다.

옛날에는 봄에 씨를 뿌려, 여름철 매미 울 때에 열매를 거두었지만, 지금은 온실에 씨를 뿌려 빨리 열매를 거두는 농법을 씁니다. 이런 재배법을 조기재배라 하는데, 이 농법을 쓰면 이른 봄인 3월이나 4월에도 단맛 나는 참외를 거두어 시장에 낼 수가 있지요.

뿌리에 돋아난 원줄기는 길게 옆으로 뻗으며, 덩굴손으로 다른 물체를 잡고 기어 올라갑니다.

참외 가꾸기는 오이와 달라서 버팀목을 만들지 않고 땅 위로 기어 다니며 열매를 맺게 합니다.

잎은 어긋나고, 손바닥 모양인데 얕게 갈라지고, 가장자리에 톱니가 있습니다.

온실이 아닌 밭에 씨를 뿌려서 가꿀 때는 6~7월에 꽃이 핍니다. 암·수꽃이 모두 노란 빛깔이며, 통꽃으로 된 꽃부리는 끝이 다섯으로 갈라집니다.

수꽃에 있는 수술과, 암꽃에 있는 암술 사이에 꽃가루받이가 끝나고 25~35일쯤 되면 수확합니다. 먹는 부분은 열매의 살이며, 그 안에 납작하고 긴 타원형인 하얀 씨가 소복이 들어 있지요.

성환참외, 강서참외, 감참외 등은 오래전부터 우리나라에 가꾸어 오던 품종입니다. 특히 성환은 참외 재배로 옛적부터 유명한 고장입니다. 참외밭가에 선 원두막은 우리나라 농촌의 진풍경이지요.

박목 박과 | *Cucumis melo* var. *makuwa* Makino | 한해살이덩굴풀 | 원산지는 인도. 우리나라 전역에서 심어 가꾼다 | 꽃 피는 때 : 6~7월
열매 익는 때 : 7~8월 | 쓰임새 : 식용, 약용

건강을 도와주는
콩

나는 콩입니다. 콩과에 딸린 한해살이풀이지요.

나를 '밭에서 나는 고기'라 하는 까닭은 내 몸에 40%나 되는 단백질과 18%나 되는 지방을 가지고 있기 때문입니다.

볶아 먹거나 밥에 놓아 먹기도 하지만 두부, 된장, 간장, 콩가루, 과자, 콩기름, 인조 버터, 콩나물 등 식품의 재료가 되지요. 콩기름을 짜고 난 깻묵은 가축의 먹이와 비료로 쓰입니다.

한국 사람의 식생활은 나와 관계가 깊지요. 콩이 없으면 된장과 간장도 만들 수 없으니까요. 쌀·보리·조·기장과 함께 오곡의 하나로 손꼽힙니다. 나는 중국 원산이며, 우리나라에서는 삼국 시대 초기부터 가꾸었다 합니다.

나에게는 여러 품종의 형제가 있는데, 검정콩, 쥐눈이콩, 갈색콩, 얼룩이콩, 아주까리콩 등입니다. 빛깔과 크기가 품종에 따라 다르지요. 그러나 콩이라면 보통, 빛깔이 노랗고 된장의 원료가 되는 대두(大豆)를 가리킵니다.

대두, 내 키는 60cm쯤이며, 잎은 어긋나고, 작은잎 세 장으로 된 겹잎인데, 작은잎은 모두 달걀꼴입니다. 잎자루가 길고, 잎 가장자리는 밋밋하며, 잎 전체에 작은 털이 나지요.

7~8월, 잎겨드랑이의 짧은 가지에 나비꼴 꽃이 달리는데 꽃빛깔은 자줏빛이 도는 붉은색, 또는 흰색입니다. 꽃받침은 끝이 다섯 개로 갈라진 종 모양이며, 암술 하나에 두 갈래로 갈라진 수술이 열 개 있지요.

잎겨드랑이에 달리는 꽃 중에서 몇 개가 콩 꼬투리로 익는데, 하나의 꼬투리에는 1~3개의 콩알이 들어 있습니다. 다 익은 꼬투리는 가운데가 터져서 콩이 튀어나오지요. 그러므로 꼬투리가 마르기 전에 거두어들여야 합니다.

뿌리에는 작은 혹을 만드는 뿌리혹박테리아가 공생해서 질소 성분을 주고, 영양분을 얻어먹으며 살기 때문에 메마른 땅에서도 잘 자랍니다.

'고기 대신 콩을 먹자.' 하는 말은 콩이 건강식품이라는 뜻이지요.

장미목 콩과 | *Glycine max* Merrill | 한해살이풀 | 원산지는 중국. 우리나라 전역에서 심어 가꾼다 | 꽃 피는 때 : 7~8월
열매 익는 때 : 9~10월 | 쓰임새 : 식용, 사료용

물방울로 구슬을 만드는
토란

물방울로 구슬을 만드는 식물이 있어요. 그건 커다란 잎을 가진 토란입니다. 토란밭에 물을 주어 보면 토란잎이 물방울로 구슬을 만들어 굴리는 걸 보게 됩니다. 밤새 내린 이슬방울을 모아, 구슬을 만들기도 하지요. 나는 토란입니다. 천남성과에 딸린 여러해살이풀이지요. 원산지는 아시아의 열대지방인데, 우리나라에서는 채소로 심어 가꿉니다. 물기가 좀 있는 땅을 좋아하지요.

토란(土卵)이란 이름은 '흙에서 나는 알'이라는 뜻인데, 토란의 뿌리로 잘못 알려진 알줄기를 가리키는 말입니다. 땅속에 양분을 저장한 타원형의 알줄기가 있고, 옆으로 작은 알줄기가 생겨 포기를 늘입니다.

잎은 모여나고, 잎자루가 길며, 길이 30~50㎝에 이르는 방패 모양입니다. 연잎처럼 물이 떨어지면 방울져 구르지요.

드물게 잎자루 사이에서 꽃줄기가 올라와 막대 모양의 꽃차례를 이루는데, 천남성의 꽃처럼 통 모양의 꽃턱잎에 싸여 있습니다. 꽃턱잎의 끝은 천남성과는 반대로 밖으로 젖혀집니다.

하나의 꽃차례에서 위쪽은 수꽃이며, 아래쪽에 암꽃이 달립니다. 열매는 거의 맺지 않고 알줄기로만 불어납니다. 열매로 번식하는 본성을 잃은 거지요.

줄기를 자르면 독성이 있는 붉은 즙이 나오는데 손에 닿으면 가렵고 빨간 물이 듭니다. 그래서 고무장갑을 끼고 만져야 합니다.

토란대라 부르는 잎자루와, 알줄기를 식용으로 하는데, 특히 추석에 끓여 먹는 토란국은 탄수화물·인·칼슘 등 영양분이 많은 명절 음식입니다. 알토란과 토란대, 다시마, 쇠고기 등을 재료로 하지요.

토란, 나는 높은 기온을 좋아해서 우리나라의 북부지방에서는 잘 자라지 못합니다. 물기 있는 땅을 좋아하므로 허드레 물을 자주 부어 줄 수 있는 부엌 옆 텃밭에 심어 가꾸면 좋지요.

천남성목 천남성과 | *Colocasia antiquorum* var. *esculenta* Engl. | 여러해살이풀 | 원산지는 열대아시아, 우리나라 중부, 남부지방에서 주로 심어 가꾼다 | 꽃 피는 때 : 8~9월 | 열매 익는 때 : 거의 맺지 않음 | 쓰임새 : 식용

케첩을 만드는 토마토

나는 토마토입니다. 가지과에 딸린 한해살이풀이지요. 남아메리카 안데스 산맥이 원산지이며 우리나라에서는 17세기 무렵에 들여와 가꾸었다 합니다. 17세기에 발행한 우리나라 최초의 백과사전 『지봉유설』에 토마토가 등장하는 것으로 이를 알 수 있지요. 할아버지들이 어린이 시절에는 나를 '땅감'이라 불렀답니다.
키 작은 감나무에 열리는 감이라 해서 부른 이름이었지요.

키가 너무 높으면,
까마귀 떼 날아와 따먹을까 봐
키 작은 땅감나무 되었습니다.

키가 너무 높으면,
아기들 올라가다 떨어질까 봐
키 작은 땅감나무 되었습니다.

독립운동가 권태응 선생의 동요 '땅감나무'를 읽으면 토마토를 작은 감나무로 여겼음을 알 수 있지요.
내 키는 1m 이상이며, 잎은 어긋나게 달리고, 줄기는 굵고 흰 털이 빽빽이 납니다. 가지를 많이 내는데, 그대로 두면 튼튼한 열매를 얻을 수 없기 때문에 굵은 줄기 하나만 두고 순을 질러 줍니다. 막대기로 버팀대를 만들어 세우고, 줄기를 버팀대에 묶어야 열매의 무게를 견딥니다.

씨를 심은 뒤, 60일쯤이면 꽃이 피기 시작하고, 다시 40일 뒤에는 첫 열매를 거두지요.
꽃은 줄기의 마디에 달리는데, 7~8번째 마디에 처음 꽃이 핀 뒤 세 마디씩 건너 노랑 꽃을 몇 송이씩 피웁니다.
열매는 90%쯤이 수분이며 비타민 C가 많이 들어 있습니다.
토마토 샐러드, 토마토 소스, 토마토 주스, 토마토 잼, 토마토 케첩을 만들기도 하고, 설탕을 곁들여 날로 먹기도 하지요.

통화식물목 가지과 | *Lycopersicon esculentum* Mill. | 한해살이풀 | 원산지는 남아메리카. 우리나라 전역에서 심어 가꾼다
꽃 피는 때 : 5~8월 | 열매 익는 때 : 7~9월 | 쓰임새 : 식용, 약용

추위, 더위를 잘 이기는
파

나는 파입니다. 백합과에 딸린 여러해살이풀이지요. 원산지는 시베리아지방입니다. 동양에서는 옛날부터 중요한 채소의 하나로 가꾸어 왔습니다. 그러나 서양에서는 거의 재배를 하지 않습니다.

추운 지방에서는 이른 봄에 씨앗을 뿌려 여

름 동안에 자라면 가을이나 초겨울에 거두어들입니다. 따뜻한 지방에서는 가을에 씨를 뿌려 이듬해 늦은 봄에 거두지요. 온실재배법이 발달한 요즘에는 계절과는 관계없이 씨를 뿌리고 거둘 수 있습니다. 어느 때나 싱싱한 파를 시장에서 구할 수 있지요.

나의 잎은 속이 비어 있고 긴 대롱처럼 미끈하게 생겼는데 끝이 뾰족합니다.

다 자라면 여러 잎 사이에서 속이 빈 꽃줄기가 초록 깃대처럼 올라오는데 이것을 파장다리라 하지요. 파장다리의 높이는 1~2m쯤 되며, 그 끝에 흰 꽃이 여러 개 달립니다. 처음에는 총포라는 꽃턱이 여러 꽃을 하나로 싸서 위쪽이 뾰족한 깃봉 모양을 이루다가, 꽃이 필 때면 총포가 터져 동그란 공 모양이 됩니다.

호랑나비가 파장다리꽃을 매우 좋아해서 날아다니며 꿀을 빠는 광경을 볼 수 있습니다.

우리 파밭에
파장다리 깃봉이 있다.
작고도 파란 깃봉이 있다.

호랑나비가 깃대에 붙어 있다.
호랑나비 국기가 바람에 팔랑거린다.
호랑나비 붙은 국기 어느 나라 국기일까?
우리 밭 파나라 국기이지요.
<손길봉, '파장다리'>

나는 다른 채소보다 추위에 강하고, 더위를 잘 견디며, 재배가 쉬운 농작물입니다.

칼슘, 염분, 비타민이 많이 있어서 사람의 몸을 튼튼하게 해 주지요. 양념을 곁들여 날로 먹기도 하지만 여러 요리에 널리 쓰입니다.

백합목 백합과 | *Allium fistulosum* L. | 여러해살이풀 | 원산지는 시베리아. 우리나라 전역에서 심어 가꾼다 | 꽃 피는 때 : 6~7월
열매 익는 때 : 9월 | 쓰임새 : 식용, 약용

귀신이 싫어한다는 팥

공공 씨라는 사람이 맘씨 나쁜 아들을 두었는데, 그 아들이 죽어서 역신이 되었습니다. 역신은 나쁜 병을 주머니에 넣고 마을마다 다니며 뿌리는 돌림병 귀신입니다. 나라에서는 임금님까지 걱정을 하게 되었습니다. 그때 한 신하가 여쭈었습니다.
"귀신은 붉은색을 보면 도망을 칩니다. 온 나라 사람에게 붉은 팥으로 죽을 끓여 귀신이 들어오는 문에다 뿌린 다음 먹도록 하십시오."
임금이 말했습니다.
"그렇다면 동짓날에 맞추어 수제비를 넣고 끓여 먹도록 하자."
이것은 동지 팥죽의 내력입니다.

나는 귀신이 싫어한다는 팥입니다. 콩과에 딸린 한해살이풀이지요. 중국이 원산지로 알려져 있고, 우리나라에서는 오래전부터 가꾸어 왔으므로 민속음식에 쓰이게 되었습니다.
나의 줄기는 콩 줄기보다 조금 가늘고, 덩굴이 뻗는 종류도 있지요. 키는 30~50cm쯤 되고, 잎은 어긋나며, 긴 잎자루가 있고, 세 개의 작은잎으로 된 겹잎입니다. 작은잎은 달걀꼴, 또는 마름모꼴이지요.

잎겨드랑이에서 나온 꽃줄기 끝에 노란색 나비꼴 꽃이 4~10개 달립니다.
꽃이 진 뒤, 씨방이 자라서 길이 6~10cm 정도의 긴 원통 모양의 꼬투리가 됩니다. 하나의 꼬투리에는 6~10개나 되는 씨가 들어 있는데, 이것이 팥입니다. 검붉은 이 빛깔을 '팥색'이라고도 하지요. 팥을 거두는 때는 서리 올 무렵입니다.
밥에 놓아 먹기도 하지만 송편의 고물, 시루떡과 찰떡의 고물, 팥죽 등 민속음식의 재료가 됩니다. 특히 동지 팥죽은 집안의 평안과 가족의 건강을 비는 뜻이 있습니다.
팥 종류는 줄기가 곧게 서는 품종을 '팥'이라 하고, 덩굴이 뻗는 품종을 '덩굴팥'이라 하지요. 열매의 색깔로 보아서 붉은팥 외에 검정팥, 푸른팥, 얼룩팥 등이 있습니다.
팥 재배는 콩과 비슷하며, 서리가 내리기 전에 잎을 뜯어 말리면 겨울 동안에 먹는 '팥잎나물'이 되지요.

장미목 콩과 | *Phaseolus angularis* W. F. Wight | 한해살이풀 | 원산지는 중국. 우리나라 전역에서 심어 가꾼다 | 꽃 피는 때 : 8월
열매 익는 때 : 9~10월 | 쓰임새 : 식용, 약용

공업용 기름에 쓰이는 피마자

일제 시대 소학교(오늘의 초등학교) 어린이들은 일본 사람들한테 많은 괴로움을 당했습니다. 그 중 하나가 피마자를 심어 가꾸는 일이었지요.

피마자기름은 높은 열을 견디고, 낮은 온도에도 얼지 않아서 항공기의 윤활유로 쓰입니다. 미국과 전쟁을 하던 일본은 전투기에 필요한 피마자기름을 시골 소학교 어린이의 손을 빌어 생산하였습니다. 길가, 학교 둘레, 운동장 둘레, 꽃밭과 실습지에 피마자를 심게 하고, 그 열매를 거두어 갔습니다.

이 이야기를 들으면 피마자가 기름을 내는 식물임을 알 테지요. 피마자 씨에는 34~59%나 되는 기름이 들어 있습니다.

나는 피마자입니다. 대극과에 딸린 한해살이풀이지요. '아주까리'라는 이름으로도 불리는 나는, 열대의 나라 아프리카가 원산입니다. 원산지에서는 나무처럼 자라는 여러해살이식물이었지만 우리나라에서는 겨울 추위 때문에 한해살이가 되었습니다.

피마자 씨를 우리나라에 들여온 것은 기름을 짜기 위한 목적이었지요. 피마자기름을 '아주까리기름'이라고도 하였는데, 석유가 있기 전 등잔불 기름과 머릿기름으로 쓰고, 먹지는 않았습니다. 지금도 기계의 윤활유 외에 페인트와 니스, 인쇄 잉크, 인주와 구두약의 원료가 되고, 약재로도 쓰입니다.

내 키는 2m에 이르며, 잎은 어긋나고, 잎자루가 길지요.

잎모양은 방패 같고, 지름이 30cm를 넘으며, 손가락처럼 5~11개로 깊이 갈라지고 가장자리에 날카로운 톱니가 있습니다.

8~9월에 원줄기와 가지 끝에 수꽃과 암꽃이 여러 송이 달리는데, 꽃봉오리의 길이가 20cm에 이릅니다. 암꽃은 윗부분에 모여 달리고, 수꽃은 아랫부분에 모여서 핍니다. 여문 열매는 둥글며, 가시가 있는 것과 없는 종류가 있지요. 한 개의 열매가 세 칸으로 나뉘고, 칸마다 씨가 하나씩 들어 있습니다. 9~10월에 익습니다.

씨는 타원형이며 짙은 갈색 무늬가 있지요.

쥐손이풀목 대극과 | *Ricinus communis* L. | 한해살이풀 | 원산지는 열대지방. 우리나라 전역에서 심어 가꾼다 | 꽃 피는 때 : 8~9월
열매 익는 때 : 9~10월 | 쓰임새 : 약용, 공업용

비타민이 많은 호박

나는 호박입니다. 박과에 딸린 한해살이덩굴풀이지요. 농촌에서 가꾸는 열매채소이기도 합니다.

봄에 씨를 심으면 호박씨 껍질을 쓴 채 떡잎이 올라옵니다. 곧 덩굴이 뻗으면서 자라는데 덩굴줄기와 잎에 부드러운 털이 납니다. 덩굴줄기의 단면은 오각형이며, 잎겨드랑이에서 덩굴손이 나옵니다. 덩굴손으로 물체를 감고 올라가는 것은 햇빛을 많이 받아 광합성을 잘하기 위해서입니다.

내 잎은 어긋나고, 잎줄기가 길며, 모양은 넓은 심장꼴이며 다섯 갈래로 약간 갈라지지요. 가장자리에 둔한 톱니가 있습니다.

초여름인 6월부터 서리가 내리는 가을까지 잎겨드랑이에서 한 송이씩 꽃이 피는데, 수꽃과 암꽃이 따로 피며, 수꽃에는 수술, 암꽃에는 암술이 각각 하나씩 있습니다. 암꽃과 수꽃이 같은 그루에 있는 식물을 암수한그루라 하지요.

꽃은 통꽃이며 끝이 다섯으로 얕게 갈라집니다. 수꽃은 꽃자루가 길고, 암꽃은 꽃자루가 굵고 짧으며 꽃자루와 암꽃 사이에 씨방을 갖고 있습니다. 꽃가루받이가 끝나고 수꽃, 암꽃이 시들면 씨방이 크기 시작합니다. 씨방이 자란 것이 호박 열매인데, 꽃이 핀 뒤 7~10일쯤이면 먹기 좋은 애호박이 되지요.

꽃이 피고 두 달이면 익은 호박을 딸 수 있는데, 둥글고 넓적한 모양이며 색깔은 붉은색, 누른색 등입니다.

지름이 30~50cm에 이릅니다.

애호박은 호박나물, 찌개, 부침 등의 재료가 되고, 보드라운 잎은 데쳐서 쌈을 싸먹지요. 다 익은 호박은 씨를 내어 말리고, 호박살로는 호박범벅, 호박고지, 호박떡을 만들며, 엿을 고아 먹기도 합니다.

나는 열매채소 가운데 녹말이 가장 많고, 비타민 A도 풍부하지요.

농촌에서 집 둘레에 가꾸는 호박은 동양계 호박이며, 쪄서 먹는 호박은 밤호박으로 불리는 서양계 호박입니다.

그 밖에 덩굴이 거의 뻗지 않고 비닐하우스 등에서 가꾸는 애호박용인 페포계 호박이 있지요.

나의 원산지는 열대지방인 아프리카입니다.

박목 박과 | *Cucurbita moschata* Duchesne | 한해살이덩굴풀 | 원산지는 열대아프리카. 우리나라 전역에서 심어 가꾼다
꽃 피는 때 : 6~10월 | 열매 익는 때 : 8~10월 | 쓰임새 : 식용, 약용

우리식물 이름 찾아보기 (가나다순)

ㄱ

가지	206
감자	208
강아지풀	028
고구마	210
고란초	030
고사리	032
고추	212
과꽃	162
괭이밥	034
구절초	036
국화	164
군자란	166
금낭화	038
기린초	040
까치수영	042
꽃다지	044
꽈리	168
꿀풀	046
끈끈이주걱	048

ㄴ

나팔꽃	170
냉이	050
노루귀	052

ㄷ

달래	054
달맞이꽃	056
닭의장풀	058
당근	214
도깨비바늘	060
도꼬마리	062
도라지	064
돌나물	066
동자꽃	068
둥굴레	070
딸기	216
땅콩	218

ㅁ

마늘	220
마름	072
맥문동	074
머위	076
메꽃	078
메밀	222
명아주	080
무	224
무릇	082
물봉선	084
민들레	086

ㅂ

박	226
배추	228
백일홍	172
백합	174
뱀딸기	088
벼	230
보춘화	090
복수초	092
복주머니란	094
봉숭아	176
부레옥잠	178
부추	232
분꽃	180
붓꽃	096
비비추	098

ㅅ

산국	100
상추	234
생강	236
속새	102
솜다리	104
쇠뜨기	106
수련	182
수박	238
수선화	108
쑥갓	240
쑥부쟁이	110
씀바귀	112

ㅇ

아마릴리스	184
애기똥풀	114
앵초	116
양지꽃	118
양파	242
얼레지	120
엉겅퀴	122
여뀌	124
연꽃	186
오이	244
옥수수	246
용담	126
원추리	128
유채꽃	248
은방울꽃	130
익모초	132
잇꽃	250

ㅈ

자운영	252
접시꽃	188
제비꽃	134
조개풀	136
질경이	138
쪽	254

ㅊ

참나리	140
참외	256
참취	142
채송화	190
천남성	144
초롱꽃	146

ㅋ

칸나	192
코스모스	148
콩	258

ㅌ

토끼풀	150
토란	260
토마토	262
튤립	194

ㅍ

파	264
팥	266
패랭이꽃	152
팬지	196
풍란	154
피마자	268

ㅎ

할미꽃	156
해바라기	198
호박	270
히아신스	200